1000
राजनीति
प्रश्नोत्तरी

इस शृंखला की पुस्तकें

* ★ 1000 जीव-जंतु प्रश्नोत्तरी
* ★ 1000 हिंदी साहित्य प्रश्नोत्तरी
* ★ 1000 कंप्यूटर-इंटरनेट प्रश्नोत्तरी
* ★ 1000 खेल-कूद प्रश्नोत्तरी
* ★ 1000 गणित प्रश्नोत्तरी
* ★ 1000 विज्ञान प्रश्नोत्तरी
* ★ 1000 खगोल विज्ञान प्रश्नोत्तरी
* ★ 1000 पर्यावरण प्रश्नोत्तरी
* ★ 1000 वास्तुशास्त्र प्रश्नोत्तरी
* ★ 1000 रामायण प्रश्नोत्तरी
* ★ 1000 महाभारत प्रश्नोत्तरी
* ★ 1000 राजनीति प्रश्नोत्तरी
* ★ 1000 सामान्य ज्ञान प्रश्नोत्तरी
* ★ 1000 इतिहास प्रश्नोत्तरी
* ★ 1000 भूगोल प्रश्नोत्तरी
* ★ 1000 स्वाधीनता संग्राम प्रश्नोत्तरी
* ★ 1000 अर्थशास्त्र प्रश्नोत्तरी
* ★ 1000 फिल्म प्रश्नोत्तरी
* ★ स्वास्थ्य प्रश्नोत्तरी
* ★ डायबिटीज प्रश्नोत्तरी

1000
राजनीति प्रश्नोत्तरी

राजीव रंजन

सत्साहित्य प्रकाशन, दिल्ली

प्रकाशक : सत्साहित्य प्रकाशन, 205-बी चावड़ी बाजार, दिल्ली-110006
सर्वाधिकार : सुरक्षित / संस्करण : 2008 / मूल्य : एक सौ पचहत्तर रुपए
मुद्रक : नरुला प्रिंटर्स, दिल्ली ISBN 81-7721-040-8

1000 RAJNEETI PRASHNOTTARI *by* Rajiv Ranjan Rs. 175.00
Published by Satsahitya Prakashan, 205-B Chawri Bazar, Delhi-110006

समर्पित

अग्रज

स्व. श्री रत्नेश कुमार श्रीवास्तव

को, जिनमें

किसी भी सद्‌गुणी का

आदर्श बनने की

योग्यताएँ और विशेषताएँ

विद्यमान थीं।

लेखकीय

एक दिन न्यूटन से किसी आदमी ने पूछा कि 'आप तो विश्व-प्रसिद्ध व्यक्ति बन चुके हैं। बड़े-बड़े विद्वान् आपके समक्ष नतमस्तक होते हैं। अब आप प्रायः क्या पढ़ते रहते हैं?' यह प्रश्न सुनकर न्यूटन ने कहा, 'मेरे सामने तो अभी ज्ञान का समुद्र लहरा रहा है, जिसमें विपुल मात्रा में अमूल्य रत्न छिपे हुए हैं। मैं तो अभी इस समुद्र के तट पर बैठकर कंकड़ चुन रहा हूँ।'

सचमुच! कोई चाहे कितना ही बड़ा विद्वान् क्यों न हो जाए, उसके सामने ज्ञान का समुद्र सदैव हहराता-लहराता ही रहता है। और फिर, आज तो समय का तकाजा बन चुका है अधिकाधिक सूचनाओं तथा जानकारियों को अपने मस्तिष्क में उड़ेल लेना; न सिर्फ उड़ेल लेना, बल्कि अपने स्मरण-पटल पर सदा इस तरह अंकित रखना कि उसके निद्रामग्न रहने पर भी यदि कोई आदमी उसे झकझोरकर कोई बात जानना चाहे तो वह उस अधनींदी अवस्था में भी तत्काल सही उत्तर दे दे। जिस व्यक्ति में यह सामर्थ्य जितनी ही अधिक होगी, वह व्यक्ति न सिर्फ आज, बल्कि आनेवाले दिनों में भी ज्ञानी लोगों का नायक बनकर निखरता रहेगा।

मैंने यह पुस्तक वैसे ही ज्ञान-पिपासुओं, ज्ञानार्थियों और ज्ञानियों के लिए तैयार की है। इन तीनों वर्गों को मिलाकर बने एक बड़े वर्ग में करोड़ों लोग हैं। इनमें एक द्वारपाल से लेकर राज्यपाल तक और एक सभापति से लेकर राष्ट्रपति तक—सभी हैं।

प्रस्तुत पुस्तक को तैयार करने का मेरा विचार सन् 1999 में तभी बना था, जब पाकिस्तान में परवेज मुशर्रफ ने तख्तापलट किया था। तब एक स्थान पर चंद पृष्ठों में इस आशय की समस्त जानकारियाँ मिल जाएँ कि विश्व में कब-कब, कहाँ-कहाँ तख्तापलट की घटनाएँ हुई हैं—यह जानने के लिए मैंने काफी हाथ-पाँव मारे, मगर कहीं भी ये जानकारियाँ नहीं मिलीं—इंटरनेट पर भी नहीं। तभी मैंने इस पुस्तक के लेखन की तैयारी शुरू कर दी। क्षेत्र और विषय धीरे-धीरे बढ़ते गए। ढाई वर्षों के गहन शोध के बाद यह पुस्तक तैयार हो पाई।

जनवरी 2000 में प्रकाशित अपनी शोधपरक प्रामाणिक पुस्तक 'चुनाव, लोकसभा और राजनीति' (पृष्ठ-364) के कारण इस पुस्तक को तैयार करने में मुझे थोड़ी

सुविधा हुई। उक्त पुस्तक के लिए काम करते समय मैंने जिन विषयों (अध्यायों) पर शोधपरक सामग्री एकत्र की थी, उनमें से कुछ अध्याय उस पुस्तक में नहीं जा सके। उन तथ्यों का भी समावेश प्रश्नोत्तर शैली में प्रस्तुत पुस्तक में किया गया है।

कोई व्यक्ति यह प्रश्न पूछ सकता है—'यह पुस्तक प्रश्नोत्तर शैली में क्यों?' सीधा सा उत्तर है—कोई भी लेखक किसी पुस्तक को अपने लिए नहीं, लोगों के लिए तैयार करता है और आजकल प्रश्नोत्तर शैली में ('ही' नहीं, 'भी') पुस्तकें उन लोगों के लिए समय के अनुरूप एक 'जरूरत' है। आज के अति व्यस्ततावाले युग में समय का अभाव हर किसी के पास है। कोई नहीं चाहता कि किसी जानकारी या सूचना को पाने के लिए उसे घंटों मगजपच्ची करनी पड़े। उनके लिए मिनट-मिनट का महत्त्व है। इलेक्ट्रॉनिक मीडियावालों के लिए तो सेकंड-सेकंड का महत्त्व है। और फिर, एक बात यह भी है कि प्रश्नोत्तर शैली से सिर्फ ज्ञानवर्द्धन ही नहीं, बल्कि काफी हद तक बुद्धि-व्यायाम तथा कुछ हद तक मनोरंजन भी हो जाता है। इन्हीं सारी बातों को ध्यान में रखकर मैंने यह पुस्तक इस तरह तैयार की है कि राजनीति-विषयक कोई अपेक्षित जानकारी इंटरनेट पर ढूँढ़ने में लगनेवाले समय से भी कम समय में इस पुस्तक द्वारा प्राप्त की जा सके।

एक बात और! 'राजनीति' एक व्यापक क्षेत्र है। इसमें एक हज़ार क्या, पाँच हजार प्रश्नोत्तर भी दिए जा सकते थे, लेकिन मेरे सामने एक सीमा-रेखा थी, जिसे ध्यान में रखना अनिवार्य था। अपेक्षाकृत अधिक महत्त्वपूर्ण प्रश्नोत्तर छूटें नहीं, इसकी यथासंभव चेष्टा मैंने की है। वैसे, भिन्न-भिन्न व्यक्ति के विचार तो भिन्न-भिन्न होते ही हैं।

गलत क्यों कहूँ? इस पुस्तक के प्रकाशन में सहयोग के लिए मैं किसी का आभारी नहीं हूँ। वस्तुत: वैसा उल्लेखनीय सहयोग लेने की स्थिति आई ही नहीं। हाँ! आंशिक रूप से आभारी हूँ अपनी पत्नी रीना का, जिसने इसकी पांडुलिपि तैयार करते समय कुछ उपयोगी सुझाव दिए। साथ ही आभारी हूँ अपने छह वर्षीय पुत्र शुभम् रंजन का, जिसने अपनी बालसुलभ चंचलताओं को मेरे संकेत मात्र से स्थगित रखकर ही लेखनानुरूप परिवेश का निर्माण करने में मुझे काफी सहयोग प्रदान किया। लेखन आखिर घर से बाहर तो हो नहीं सकता (यह एक विडंबना ही है कि हमारे देश में हर तरह के 'आलय' हैं—'देवालय' से लेकर 'मदिरालय' तक, लेकिन 'लेखनालय' कहीं नहीं है)। अस्तु!

यदि इस पुस्तक में कोई कमी या त्रुटि आपको दिखे तो कृपया मेरा ध्यान दिलाने का कष्ट आप अवश्य करें।

14 सितंबर, 2002

—राजीव रंजन

नई दिल्ली

अनुक्रमणिका

1

प्रथम व्यक्ति

1. स्वतंत्रता-प्राप्ति से पूर्व की लोकसभा (केंद्रीय विधानसभा) के प्रथम अध्यक्ष कौन थे?
   (क) गणेश वासुदेव मावलंकर (ख) सर फ्रेडरिक ह्वाइट
   (ग) विट्ठलभाई जे. पटेल (घ) इब्राहिम रहमतुल्ला
2. स्वतंत्रता-प्राप्ति के बाद के प्रथम लोकसभा अध्यक्ष कौन थे?
   (क) अनंत शयनम आयंगर (ख) डॉ. सच्चिदानंद सिन्हा
   (ग) हुकुम सिंह (घ) गणेश वासुदेव मावलंकर
3. स्वतंत्रता-प्राप्ति से पूर्व की लोकसभा (केंद्रीय विधानसभा) के प्रथम उपाध्यक्ष कौन थे?
   (क) डॉ. सच्चिदानंद सिन्हा (ख) अनंत शयनम आयंगर
   (ग) डॉ. राजेंद्र प्रसाद (घ) सरदार वल्लभभाई पटेल
4. स्वतंत्रता-प्राप्ति के बाद की लोकसभा के प्रथम उपाध्यक्ष कौन थे?
   (क) हुकुम सिंह (ख) मौलाना अबुल कलाम आजाद
   (ग) अनंत शयनम आयंगर (घ) एस. कृष्णमूर्ति राव
5. देश के प्रथम मुख्य निर्वाचन आयुक्त कौन थे?
   (क) सुकुमार सेन (ख) एस.पी. सेन वर्मा
   (ग) के.वी.के. सुंदरम (घ) नागेंद्र सिंह
6. स्वतंत्र भारत के प्रथम उपराष्ट्रपति कौन थे?
   (क) डॉ. जाकिर हुसैन (ख) डॉ. सर्वपल्ली राधाकृष्णन

उत्तर के लिए कृपया पृष्ठ सं. 162 देखें।

(ग) वी.वी. गिरि (घ) विट्ठलभाई जे. पटेल

7. उपराष्ट्रपति का कार्यकाल पूरा करके राष्ट्रपति बननेवाले प्रथम व्यक्ति कौन थे?

(क) डॉ. सर्वपल्ली राधाकृष्णन (ख) डॉ. जाकिर हुसैन
(ग) डॉ. राजेंद्र प्रसाद (घ) वी.वी. गिरि

8. प्रथम बार कार्यवाहक राष्ट्रपति इनमें से कौन बना था?

(क) न्यायमूर्ति मो. हिदायतुल्ला (ख) वी.वी. गिरि
(ग) बी.डी. जत्ती (घ) डॉ. सर्वपल्ली राधाकृष्णन

9. कार्यवाहक प्रधानमंत्री बननेवाले प्रथम राजनेता कौन थे?

(क) गुलजारी लाल नंदा (ख) लाल बहादुर शास्त्री
(ग) इंदिरा गांधी (घ) मोरारजी देसाई

10. स्वतंत्र भारत के प्रथम उपप्रधानमंत्री कौन थे?

(क) सरदार वल्लभभाई पटेल (ख) चौधरी देवीलाल
(ग) जगजीवन राम (घ) चौधरी चरण सिंह

11. स्वतंत्र भारत के प्रथम विदेशमंत्री कौन थे?

(क) डॉ. राजेंद्र प्रसाद (ख) पं. जवाहरलाल नेहरू
(ग) सरदार वल्लभभाई पटेल (घ) चक्रवर्ती राजगोपालाचारी

12. स्वतंत्र भारत के प्रथम गृहमंत्री कौन थे?

(क) मौलाना अबुल कलाम आजाद (ख) सरदार बलदेव सिंह
(ग) सरदार वल्लभभाई पटेल (घ) रफी अहमद किदवई

13. स्वतंत्रता-प्राप्ति के बाद केंद्रीय मंत्रिमंडल से त्याग-पत्र देनेवाले प्रथम व्यक्ति कौन थे?

(क) डॉ. राजेंद्र प्रसाद (ख) श्यामा प्रसाद मुखर्जी
(ग) कन्हैयालाल माणिकलाल मुंशी (घ) जॉन मथाई

14. 'भारत-रत्न' पानेवाले प्रथम व्यक्ति कौन थे?

(क) डॉ. राजेंद्र प्रसाद (ख) जवाहरलाल नेहरू
(ग) डॉ. सर्वपल्ली राधाकृष्णन (घ) गोपीनाथ बारदोलाई

15. स्वतंत्र भारत के प्रथम वित्तमंत्री कौन थे?

(क) आर.के. षणमुखम चेट्टी (ख) सी.डी. देशमुख
(ग) श्यामा प्रसाद मुखर्जी (घ) जॉन मथाई

उत्तर के लिए कृपया पृष्ठ सं. 162 देखें।

16. स्वतंत्र भारत के प्रथम शिक्षामंत्री कौन थे ?

(क) नरहरि विष्णु गाडगिल (ख) मौलाना अबुल कलाम आजाद

(ग) जगजीवन राम (घ) डॉ. के.एल. श्रीमाली

17. स्वतंत्र भारत के प्रथम रेलमंत्री कौन थे ?

(क) जॉन मथाई (ख) एन. गोपाल स्वामी आयंगर

(ग) लाल बहादुर शास्त्री (घ) क्षितीश चंद्र नियोगी

18. स्वतंत्र भारत के प्रथम मंत्रिमंडल में रक्षा मंत्रालय किसके पास था ?

(क) जगजीवन राम (ख) पं. जवाहरलाल नेहरू

(ग) सरदार वल्लभभाई पटेल (घ) सरदार बलदेव सिंह

19. स्वतंत्र भारत में किसी को शपथ दिलानेवाले प्रथम व्यक्ति कौन थे ?

(क) लॉर्ड माउंटबेटन (ख) डॉ. राजेंद्र प्रसाद

(ग) जवाहरलाल नेहरू (घ) सी. राजगोपालाचारी

20. स्वतंत्र भारत के प्रथम 'बिना मंत्रालय के मंत्री' कौन थे ?

(क) चक्रवर्ती राजगोपालाचारी (ख) नरसिम्हा गोपाल स्वामी आयंगर

(ग) के.एन. काटजू (घ) लाल बहादुर शास्त्री

□

उत्तर के लिए कृपया पृष्ठ सं. 162 देखें।

2

प्रथम घटना

21. मंत्रिमंडल (सरकार) पर पहली बार अविश्वास प्रस्ताव किस लोकसभा में लाया गया?

    (क) दूसरी (ख) तीसरी
    (ग) चौथी (घ) पाँचवीं

22. केंद्रीय विधानसभा का पहली बार गठन कब किया गया था?

    (क) सन् 1920 (ख) सन् 1921
    (ग) सन् 1946 (घ) सन् 1952

23. लोकसभा में पहली बार मान्यता प्राप्त विपक्षी दल कौन सा दल बना था?

    (क) सोशलिस्ट पार्टी (ख) भारतीय जनसंघ
    (ग) संगठन कांग्रेस (घ) भारतीय लोक दल

24. किस लोकसभा में पहली बार सबसे अधिक (19) संविधान संशोधन किए गए?

    (क) पाँचवीं (ख) छठी
    (ग) सातवीं (घ) दसवीं

25. कांग्रेस पहली बार विपक्ष में कब बैठी?

    (क) सन् 1967 (ख) सन् 1977
    (ग) सन् 1989 (घ) सन् 1996

26. पहली बार किस लोकसभा में केंद्रीय सरकार द्वारा पारित कराए गए विधेयक (डाक विधेयक) को राष्ट्रपति ने लौटा दिया?

उत्तर के लिए कृपया पृष्ठ सं. 162 देखें।

(क) छठी (ख) सातवीं
(ग) आठवीं (घ) नौवीं

27. मतदान करने की न्यूनतम आयु किस प्रधानमंत्री के कार्यकाल में सबसे पहले घटाई गई थी?
(क) इंदिरा गांधी (ख) राजीव गांधी
(ग) पी.वी. नरसिंह राव (घ) विश्वनाथ प्रताप सिंह

28. पहली बार किस लोकसभा में अविश्वास प्रस्ताव पर सरकार का पतन हुआ?
(क) नौवीं (ख) दसवीं
(ग) ग्यारहवीं (घ) बारहवीं

29. लोकसभा के गठन के 20 दिनों के अंदर सरकार गिरने की घटना पहली बार किस लोकसभा में हुई थी?
(क) नौवीं (ख) दसवीं
(ग) ग्यारहवीं (घ) बारहवीं

30. किसी राष्ट्रपति ने पहली बार किस वर्ष लोकसभा चुनाव के दौरान मतदान किया था?
(क) सन् 1952 (ख) सन् 1971
(ग) सन् 1996 (घ) सन् 1998

31. एक महाभियोग पर मतदान करते समय तत्कालीन प्रधानमंत्री द्वारा 'तटस्थ' रहने का (पीला) बटन दबाने की घटना पहली बार किस लोकसभा में हुई थी?
(क) तीसरी (ख) सातवीं
(ग) दसवीं (घ) बारहवीं

32. घोटालों में लिप्त रहने के कारण किसी पदासीन प्रधानमंत्री को पहली बार अदालतों के चक्कर किस लोकसभा के काल में लगाने पड़े?
(क) चौथी (ख) पाँचवीं
(ग) नौवीं (घ) दसवीं

33. चुनाव के दौरान अपने पद का दुरुपयोग करने के कारण एक बड़े पद पर बैठे किसी राजनेता द्वारा त्याग-पत्र देने की घटना पहली बार किस मुख्य निर्वाचन आयुक्त की सख्ती के कारण घटी?

उत्तर के लिए कृपया पृष्ठ सं. 162 व 163 देखें।

(क) श्याम लाल शकधर (ख) टी.एन. शेषन
(ग) मनोहर सिंह गिल (घ) जे.एम. लिंगदोह

34. देश में पहली बार आंतरिक आपत्काल किस वर्ष लागू किया गया?
(क) सन् 1948 (ख) सन् 1965
(ग) सन् 1971 (घ) सन् 1975

35. देश के लगभग सभी प्रमुख विपक्षी नेताओं की एक साथ गिरफ्तारी सरकार द्वारा सबसे पहले किस वर्ष की गई थी?
(क) सन् 1948 (ख) सन् 1962
(ग) सन् 1975 (घ) सन् 1989

36. स्वतंत्रता-प्राप्ति के बाद सबसे पहले किस बड़े नेता का निधन हुआ था?
(क) मोती लाल नेहरू (ख) महात्मा गांधी
(ग) सरदार वल्लभभाई पटेल (घ) सुभाषचंद्र बोस

37. संसद् भवन पर पहली (और संभवतः अंतिम) बार हमले की घटना कब हुई?
(क) 13 दिसंबर, 2001 (ख) 23 दिसंबर, 2001
(ग) 13 जनवरी, 2002 (घ) 23 जनवरी, 2002

38. किस प्रदेश में गठबंधन के दो दलों के नेताओं का छह-छह महीने तक बारी-बारी से मुख्यमंत्री बने रहने का समझौताजन्य प्रयोग सबसे पहले किया गया?
(क) बिहार (ख) उत्तर प्रदेश
(ग) मध्य प्रदेश (घ) गुजरात

39. राज्यपाल को विधानसभा में ही विधायकों द्वारा पीटे जाने की घटना सबसे पहले किस प्रदेश में घटी?
(क) उत्तर प्रदेश (ख) बिहार
(ग) प. बंगाल (घ) उड़ीसा

40. पूरी-की-पूरी प्रदेश सरकार द्वारा दल-बदल करने की घटना सबसे पहले किस प्रदेश में घटी?
(क) हिमाचल प्रदेश (ख) गुजरात
(ग) हरियाणा (घ) बिहार

41. देश में सबसे पहले किस नेता ने अपनी पत्नी को उसी पद पर बैठाया,

उत्तर के लिए कृपया पृष्ठ सं. 163 देखें।

जिस पद पर उससे ठीक पहले वह स्वयं बैठे थे ?

(क) वसंत दादा पाटिल (ख) राजीव गांधी

(ग) लालू प्रसाद (घ) मधु दंडवते

42. देश में सबसे पहले किस राज्य में 93 लोगों को मंत्री बनाया गया ?

(क) उत्तर प्रदेश (ख) बिहार

(ग) मध्य प्रदेश (घ) महाराष्ट्र

□

उत्तर के लिए कृपया पृष्ठ सं. 163 देखें।

3

निर्वाचन और भारत

43. हमारे देश के नागरिक अपनी सरकार का निर्वाचन संविधान के किस अनुच्छेद द्वारा प्रदत्त मौलिक अधिकार के प्रभाव से करते हैं ?

(क) 19(1)(ए) (ख) 20(1)(ए)

(ग) 21(1)(ए) (घ) 22(1)(ए)

44. हमारे देश के नागरिकों को मतदाता बनने का अधिकार किस अनुच्छेद से प्राप्त होता है ?

(क) अनुच्छेद 362 (ख) अनुच्छेद 326

(ग) अनुच्छेद 365 (घ) अनुच्छेद 315

45. हमारे देश में निर्वाचन का प्रावधान सबसे पहले किस वर्ष किया गया था ?

(क) सन् 1909 (ख) सन् 1947

(ग) सन् 1950 (घ) सन् 1892

46. हमारे देश में सबसे पहले निर्वाचन का प्रावधान किस कानून के द्वारा किया गया था ?

(क) इंडियन कॉन्सिल ऐक्ट (ख) सेंट्रल कॉन्सिल ऐक्ट

(ग) प्रोविंशियल कॉन्सिल ऐक्ट (घ) इंडियन वोटिंग ऐक्ट

47. हमारे देश में सर्वप्रथम निर्वाचन का प्रावधान प्रांतीय परिषद् तथा केंद्रीय विधायी परिषद् की कुछ अशासकीय सीटों के लिए किस रूप में किया गया था ?

(क) असीमित और प्रत्यक्ष (ख) असीमित और अप्रत्यक्ष

उत्तर के लिए कृपया पृष्ठ सं. 163 देखें।

(ग) सीमित और अप्रत्यक्ष (घ) सीमित और प्रत्यक्ष

48. हमारे देश में निर्वाचन का औपचारिक प्रारंभ किस वर्ष हुआ था?

(क) सन् 1892 (ख) सन् 1909
(ग) सन् 1947 (घ) सन् 1950

49. निर्वाचन के प्रावधान को 'मिंटो-मॉर्ले कानून, 1909' में स्पष्ट तौर पर क्या किया गया?

(क) समाहित (ख) स्थगित
(ग) विलंबित (घ) अस्वीकृत

50. निर्वाचन को 'प्रत्यक्ष' कब बनाया गया?

(क) सन् 1917 (ख) सन् 1918
(ग) सन् 1919 (घ) सन् 1929

51. प्रारंभिक वर्षों में कितनी प्रतिशत जनता को मतदानाधिकार मिल पाया था?

(क) 5 (ख) 6
(ग) 3 (घ) 2

52. सन् 1928 में साइमन आयोग ने इनमें से किस वर्ग को मतदानाधिकार उपलब्ध कराने की अनुशंसा की थी?

(क) युवा (ख) किशोर
(ग) महिला (घ) हिजड़ा

53. अंग्रेज शासकों ने सन् 1931 में किसकी अध्यक्षता में मतदानाधिकार समिति गठित की थी?

(क) लॉर्ड लोथियान (ख) लॉर्ड लिनलिथगो
(ग) साइमन (घ) लॉर्ड हेस्टिंग्स

54. किस वर्ष तक वयस्क मतदानाधिकार को 'निर्वाचन का आधार' नहीं माना गया?

(क) सन् 1935 (ख) सन् 1936
(ग) सन् 1937 (घ) सन् 1938

55. केंद्रीय व्यवस्थापिका के निचले सदन (लोकसभा) का निर्वाचन भौगोलिक मापदंडों के अनुसार बनाए गए निर्वाचन क्षेत्रों के आधार पर प्रत्यक्ष मतदान और वयस्क मतदानाधिकार द्वारा होना चाहिए—संविधान सभा को यह

उत्तर के लिए कृपया पृष्ठ सं. 163 देखें।

संस्तुति करने के लिए केंद्रीय संविधान समिति कब सहमत हुई थी ?

(क) 3 जून, 1947 (ख) 9 जून, 1947

(ग) 15 जून, 1947 (घ) 26 जनवरी, 1950

56. सांप्रदायिक आधार पर अल्पसंख्यकों के लिए सन् 1909 से चली आ रही पृथक् निर्वाचन-व्यवस्था को समाप्त करने का निर्णय किस वर्ष लिया गया ?

(क) सन् 1947 (ख) सन् 1948

(ग) सन् 1949 (घ) सन् 1950

57. केंद्रीय मंत्रिमंडल की अनुशंसा पर निर्वाचन आयुक्त तथा मुख्य निर्वाचन आयुक्त की नियुक्ति कौन करता है ?

(क) राष्ट्रपति (ख) प्रधानमंत्री

(ग) मुख्य न्यायाधीश (घ) लोकसभा अध्यक्ष

58. निर्वाचन आयोग के निर्देशन, नियंत्रण एवं अधीक्षण में इनमें से किसका चुनाव संपन्न होता है ?

(क) मुख्यमंत्री (ख) प्रधानमंत्री

(ग) लोकसभा अध्यक्ष (घ) उपराष्ट्रपति

59. निर्वाचन आयोग का मुख्यालय कहाँ स्थित है ?

(क) नई दिल्ली (ख) मुंबई

(ग) चंडीगढ़ (घ) कोलकाता

60. निर्वाचन आयोग लंबे समय तक (सिर्फ) मुख्य निर्वाचन आयुक्त की ही देख-रेख में काम करता रहा। किस प्रधानमंत्री के परामर्श पर राष्ट्रपति ने सर्वप्रथम निर्वाचन आयुक्तों की नियुक्ति की थी ?

(क) इंदिरा गांधी (ख) मोरारजी देसाई

(ग) राजीव गांधी (घ) विश्वनाथ प्रताप सिंह

61. किस प्रधानमंत्री के कार्यकाल में कानून में संशोधन करके यह प्रावधान किया गया कि मुख्य निर्वाचन आयुक्त तथा निर्वाचन आयुक्तों के अधिकार, सुविधाएँ, वेतन, भत्ते आदि समान होंगे ?

(क) राजीव गांधी (ख) विश्वनाथ प्रताप सिंह

(ग) पी.वी. नरसिंह राव (घ) अटल बिहारी वाजपेयी

62. मुख्य निर्वाचन आयुक्त का कार्यकाल (पाँच वर्षों की सेवा पूर्ण होने से

उत्तर के लिए कृपया पृष्ठ सं. 163 देखें।

पहले की स्थिति में) कितने वर्ष की उनकी आयु के बाद पूर्ण होता है ?

(क) 58 (ख) 60

(ग) 62 (घ) 65

63. निर्वाचन आयोग को अधिक अधिकार तथा बल से संपन्न एवं दबंग बनाने की दिशा में किस मुख्य निर्वाचन आयुक्त ने सबसे पहले कदम बढ़ाए ?

(क) श्याम लाल शकधर (ख) आर.वी.एस. पेरिशास्त्री

(ग) टी.एन. शेषन (घ) मनोहर सिंह गिल

64. निर्वाचन आयोग ने किस वर्ष (सन्) से कार्य करना शुरू किया था ?

(क) सन् 1947 (ख) सन् 1948

(ग) सन् 1949 (घ) सन् 1950

65. अब तक किस मुख्य निर्वाचन आयुक्त का कार्यकाल सबसे लंबा रहा है ?

(क) सुकुमार सेन (ख) के.वी.के. सुंदरम

(ग) श्याम लाल शकधर (घ) टी.एन. शेषन

66. पचास वर्षों की अवधि में देश के किस मुख्य निर्वाचन आयुक्त का कार्यकाल सबसे छोटा रहा है ?

(क) नागेंद्र सिंह (ख) टी. स्वामीनाथन

(ग) रामकृष्ण त्रिवेदी (घ) वी.एस. रमा देवी

67. अब तक सिर्फ एक बार ऐसा हुआ है कि सेवा की दृष्टि से नहीं, तकनीकी दृष्टि से एक समय एक साथ दो-दो व्यक्ति मुख्य निर्वाचन आयुक्त के पद पर आसीन थे। ऐसा किस वर्ष हुआ ?

(क) सन् 1950 (ख) सन् 1975

(ग) सन् 1976 (घ) सन् 1990

68. स्वतंत्र भारत के पंचास वर्षों में सिर्फ एक बार (टी.एन. शेषन के कार्यकाल में) ऐसा हुआ है कि चुनाव-आचार संहिता का उल्लंघन करने के कारण एक राज्यपाल को अपने पद से त्याग-पत्र देना पड़ा। वह राज्यपाल कौन थे ?

(क) कुँवर महमूद अली (ख) गुलशेर अहमद

(ग) ए.आर. किदवई (घ) मो. शफी कुरेशी

69. लोकसभा-चुनाव की पूरी रिपोर्ट मुख्य निर्वाचन आयुक्त किसे सौंपते हैं ?

(क) स. न्या. के मुख्य न्यायाधीश को (ख) राष्ट्रपति को

उत्तर के लिए कृपया पृष्ठ सं. 163 देखें।

(ग) महालेखा परीक्षक को (घ) प्रधानमंत्री को

70. निर्वाचन आयोग के मुख्यालय को क्या कहा जाता है?

(क) निर्वाचन सदन (ख) निर्वाचन भवन

(ग) चुनाव भवन (घ) चुनाव सचिवालय

☐

उत्तर के लिए कृपया पृष्ठ सं. 163 देखें।

4

निर्वाचन क्षेत्र

71. प्रथम लोकसभा के लिए सन् 1952 में हुए आम चुनाव के समय निर्वाचन क्षेत्र कितने स्तरोंवाले थे?

    (क) 1 (ख) 2

    (ग) 3 (घ) 4

72. इनमें से कौन सी संख्या कभी भी लोकसभा की कुल सीटों की संख्या नहीं रही है?

    (क) 489 (ख) 520

    (ग) 532 (घ) 543

73. प्रथम लोकसभा चुनाव के समय कुल सीटों की संख्या कितनी थी?

    (क) 489 (ख) 499

    (ग) 509 (घ) 519

74. संप्रति लोकसभा में अधिकतम कितने सदस्यों के होने का प्रावधान है?

    (क) 543 (ख) 545

    (ग) 552 (घ) 553

75. वर्तमान में लोकसभा के कुल सदस्यों की संख्या कितनी है?

    (क) 530 (ख) 543

    (ग) 544 (घ) 545

76. वर्तमान में लोकसभा के लिए प्रदेशों तथा केंद्र-शासित प्रदेशों से सीधे कितने सदस्य चुने जाते हैं?

उत्तर के लिए कृपया पृष्ठ सं. 163 देखें।

(क) 543 (ख) 544
(ग) 545 (घ) 547

77. लोकसभा के लिए संप्रति कितने सदस्य राष्ट्रपति द्वारा मनोनीत किए जाते हैं ?
(क) 1 (ख) 2
(ग) 3 (घ) 12

78. तेरहवीं लोकसभा तक की सीटों का निर्धारण किस वर्ष की जनगणना पर आधारित है ?
(क) सन् 1971 (ख) सन् 1981
(ग) सन् 1991 (घ) सन् 2001

79. 91वें संविधान संशोधन विधेयक के अनुसार, लोकसभा और राज्य विधानसभाओं की सीटों की संख्या बढ़ाने पर लगी रोक को कब तक बढ़ाया गया है ?
(क) सन् 2002 (ख) सन् 2006
(ग) सन् 2016 (घ) सन् 2026

80. दूसरी लोकसभा के लिए सन् 1957 में हुए चुनाव के समय निर्वाचन क्षेत्र कितने स्तरोंवाले थे ?
(क) 1 (ख) 2
(ग) 3 (घ) 4

81. प्रथम लोकसभा के लिए हुए चुनाव के समय निर्वाचन क्षेत्रों की (सीटों की नहीं) कुल संख्या कितनी थी ?
(क) 286 (ख) 314
(ग) 401 (घ) 489

82. लोकसभा सीटों की वर्तमान संख्या (543) किस लोकसभा से विद्यमान है ?
(क) आठवीं (ख) नौवीं
(ग) दसवीं (घ) ग्यारहवीं

83. प्रथम लोकसभा के लिए हुए चुनाव में कुल सीटों को कितने भागों में बाँटा गया था ?
(क) 3 (ख) 4

उत्तर के लिए कृपया पृष्ठ सं. 163 देखें।

(ग) 5 (घ) 6

84. प्रथम लोकसभा के लिए हुए चुनाव के समय दिल्ली में इनमें से कौन सा निर्वाचन क्षेत्र नहीं था ?

(क) नई दिल्ली (ख) बाहरी दिल्ली

(ग) दिल्ली सिटी (घ) चाँदनी चौक

85. अभी लोकसभा के आरक्षित कुल निर्वाचन क्षेत्रों की संख्या कितनी है ?

(क) 41 (ख) 79

(ग) 120 (घ) 240

86. वर्तमान में लोकसभा के सामान्य निर्वाचन क्षेत्रों की संख्या कितनी है ?

(क) 423 (ख) 473

(ग) 523 (घ) 543

87. वर्तमान में अनुसूचित जाति के लिए आरक्षित लोकसभा निर्वाचन क्षेत्रों की कुल संख्या कितनी है ?

(क) 79 (ख) 80

(ग) 119 (घ) 120

88. वर्तमान में अनुसूचित जनजाति के लिए आरक्षित लोकसभा निर्वाचन क्षेत्रों की कुल संख्या कितनी है ?

(क) 31 (ख) 41

(ग) 141 (घ) 241

89. देश का वह ऐसा कौन सा एकमात्र राज्य है, जिसमें लोकसभा का एक भी सामान्य निर्वाचन क्षेत्र नहीं है ?

(क) नगालैंड (ख) मिजोरम

(ग) मेघालय (घ) सिक्किम

90. प्रथम लोकसभा के लिए हुए चुनाव के समय आरक्षित निर्वाचन क्षेत्रों की कुल संख्या कितनी थी ?

(क) 88 (ख) 98

(ग) 108 (घ) 128

□

उत्तर के लिए कृपया पृष्ठ सं. 163 देखें।

5

नारे

91. दूसरी और तीसरी लोकसभा के चुनावों में कांग्रेस ने 'इस दीपक में तेल नहीं, सरकार चलाना खेल नहीं' नारा किस दल के विरोध में लगाया था?
(क) किसान मजदूर प्रजा पार्टी (ख) भारतीय जनसंघ
(ग) सोशलिस्ट पार्टी (घ) इनमें से कोई नहीं
92. कांग्रेस ने अपने लिए 'भूल न जाना भारतवालो किसी की रोड़ा-रोड़ी में, एक बार फिर मुहर लगाना दो बैलों की जोड़ी में' नारा किस वर्ष के लोकसभा चुनाव में लगाया था?
(क) सन् 1957 (ख) सन् 1962
(ग) सन् 1967 (घ) सन् 1971
93. सन् 1971 में हुए लोकसभा आम चुनाव में 'गरीबी हटाओ' का नारा किसने दिया था?
(क) डॉ. राममनोहर लोहिया (ख) जयप्रकाश नारायण
(ग) मास्टर तारा सिंह (घ) इंदिरा गांधी
94. सन् 1971 में हुए लोकसभा आम चुनाव में 'इंदिरा हटाओ' नारा किस नाम से संगठित विपक्ष ने लगाया था?
(क) महामोर्चा (ख) महाघटक
(ग) महासंधि (घ) संयुक्त विपक्ष
95. सन् 1977 में हुए लोकसभा चुनाव में जनता पार्टी द्वारा लगाए गए नारे 'वोट फॉर जे.पी.' में 'जे.पी.' का अर्थ क्या था?

उत्तर के लिए कृपया पृष्ठ सं. 163 देखें।

(क) जयप्रकाश (ख) जनता पार्टी
(ग) उपर्युक्त दोनों (घ) कोई नहीं

96. सन् 1977 के लोकसभा चुनाव में लगाए गए नारे 'इंदिरा संजय बंसीलाल...... के तीन दलाल' में खाली स्थान में वस्तुत: आपत्काल में की गई किस ज्यादती का शब्द था?
(क) सेंसरशिप (ख) नसबंदी
(ग) 'मीसा' (गिरफ्तारी) (घ) झुग्गी-उन्मूलन

97. सन् 1977 के लोकसभा चुनाव में 'जनता पार्टी' द्वारा प्रयुक्त नारा 'सिंहासन खाली करो कि जनता आती है' किस प्रसिद्ध कवि की पंक्ति है?
(क) हरिवंश राय 'बच्चन' (ख) सूर्यकांत त्रिपाठी 'निराला'
(ग) मैथिलीशरण गुप्त (घ) रामधारी सिंह 'दिनकर'

98. 'न जात पर न पाँत पर, इंदिराजी की बात पर, मुहर लगेगी हाथ पर' नारा कांग्रेस ने किस वर्ष में हुए लोकसभा चुनाव में लगाया था?
(क) सन् 1977 (ख) सन् 1978
(ग) सन् 1979 (घ) सन् 1980

99. सन् 1980 के लोकसभा चुनाव में 'जब तक भूखा इनसान रहेगा, धरती पर तूफान रहेगा' नारा किसके कार्यकर्ताओं ने लगाया था?
(क) कांग्रेस (ख) भारतीय जनता पार्टी
(ग) जनता पार्टी (घ) वामपंथी दल

100. 'अंधकार में एक चिनगारी, अटल बिहारी, अटल बिहारी'—भाजपा का यह नारा सबसे पहले किस वर्ष के लोकसभा चुनाव में गूँजा था?
(क) सन् 1977 (ख) सन् 1980
(ग) सन् 1984 (घ) सन् 1989

101. सन् 1989 के लोकसभा चुनाव में 'इटली का जमाई, लेकर आया महँगाई' नारा किसे लक्ष्य करके लगाया गया था?
(क) राजीव गांधी (ख) रामविलास पासवान
(ग) अरुण नेहरू (घ) अटल बिहारी वाजपेयी

102. सन् 1989 में हुए लोकसभा चुनाव के दौरान गैर-कांग्रेसी दलों द्वारा लगाए गए नारे 'ये हाथ निशान है चोरों का, दलालों-रिश्वतखोरों का' में 'दलाल' शब्द का प्रयोग किससे संबद्ध था?

उत्तर के लिए कृपया पृष्ठ सं. 163 व 164 देखें।

(क) शेयर (ख) रक्षा सौदा
(ग) भूमि-खरीद (घ) देह-व्यापार

103. सन् 1989 में हुए लोकसभा चुनाव के दौरान कांग्रेस के खिलाफ लगाया गया एक प्रमुख नारा 'तख्त बदल दो ताज बदल दो, बेईमानों का राज बदल दो' किस आंदोलन में खूब जोर-शोर से लगाया गया था?
(क) सर्वोदय आंदोलन (ख) असहयोग आंदोलन
(ग) जयप्रकाश आंदोलन (घ) भूदान आंदोलन

104. नौवीं लोकसभा के चुनाव में लगाया गया नारा 'यह राजा नहीं फकीर है, देश की तकदीर है' में 'राजा' किसे बताया गया था?
(क) दिग्विजय सिंह (ख) माधवराव सिंधिया
(ग) डॉ. कर्ण सिंह (घ) विश्वनाथ प्रताप सिंह

105. सन् 1989 में नौवीं लोकसभा के लिए हुए चुनाव में 'एक वोट, एक नोट' नारा भी काफी चर्चित हुआ था। तब यह नारा किस नेता ने दिया था?
(क) चंद्रशेखर (ख) देवीलाल
(ग) लालकृष्ण आडवाणी (घ) विश्वनाथ प्रताप सिंह

106. सन् 1991 में दसवीं लोकसभा के लिए हुए चुनाव में तत्कालीन प्रधानमंत्री चंद्रशेखर, जिन्होंने कांग्रेस के ही समर्थन से सरकार बनाई थी, ने कांग्रेस को ही हेय बताते हुए नारा दिया था—'चार माह बनाम चालीस साल'। तब उन (चंद्रशेखर) की पार्टी का नाम क्या था?
(क) समाजवादी जनता पार्टी (ख) समाजवादी पार्टी
(ग) जनता पार्टी (घ) जनता दल

107. विश्वनाथ प्रताप सिंह के खिलाफ 'राजा नहीं यह रंक है, देश का कलंक है' नारा किस वर्ष हुए लोकसभा चुनाव में लगाया गया था?
(क) सन् 1984 (ख) सन् 1989
(ग) सन् 1990 (घ) सन् 1991

108. 'रामराज्य की ओर चलें, भाजपा के साथ चलें' नारा किस वर्ष के लोकसभा चुनाव में सबसे पहले लगाया गया था?
(क) सन् 1991 (ख) सन् 1993
(ग) सन् 1996 (घ) सन् 1998

109. सन् 1993 के उपचुनाव में 'जो कहते हैं, सो करते हैं' नारा किस पार्टी के

उत्तर के लिए कृपया पृष्ठ सं. 164 देखें।

कार्यकर्ताओं ने लगाया था?

(क) कांग्रेस (ख) भारतीय जनता पार्टी

(ग) जनता दल (घ) समाजवादी पार्टी

110. सन् 1998 में हुए लोकसभा चुनाव में 'पूरे देश से नाता है, सरकार चलाना आता है' नारा किस दल का था?

(क) जनता दल (ख) कांग्रेस

(ग) भारतीय जनता पार्टी (घ) बहुजन समाज पार्टी

111. सन् 1998 में बारहवीं लोकसभा के लिए हुए चुनाव में 'स्थिर सरकार, कुशल कर्णधार' नारे में भारतीय जनता पार्टी ने 'कुशल कर्णधार' के रूप में किसे पेश किया था?

(क) अटल बिहारी वाजपेयी (ख) लालकृष्ण आडवाणी

(ग) प्रमोद महाजन (घ) सुषमा स्वराज

112. 'लालटेन जलाना है, अंधकार भगाना है'—यह नारा सन् 1998 के लोकसभा चुनाव में किस दल ने लगाया था?

(क) कांग्रेस (ख) मार्क्सवादी कम्युनिस्ट पार्टी

(ग) राष्ट्रीय जनता दल (घ) बहुजन समाज पार्टी

113. सन् 1999 में तेरहवीं लोकसभा के लिए हुए लोकसभा चुनाव में गैर-कांग्रेसी दलों द्वारा 'दूर देश से टपकीं, गद्दी खातिर लपकीं' नारा किसे लक्ष्य करके लगाया गया था?

(क) जयललिता (ख) मायावती

(ग) सोनिया गांधी (घ) उषा नारायणन

114. सन् 1999 के लोकसभा चुनाव में भारतीय जनता पार्टी द्वारा 'अटल अटल हैं, अटल रहेंगे' नारा किस उपलब्धि से अभिभूत होकर लगाया गया था?

(क) करगिल-विजय (ख) परमाणु परीक्षण

(ग) कानून-व्यवस्था (घ) मजबूत विदेश संबंध

□

उत्तर के लिए कृपया पृष्ठ सं. 164 देखें।

6

मुद्दे

115. सन् 1952 में हुए प्रथम लोकसभा आम चुनाव का मुख्य मुद्दा क्या था?
(क) गांधीजी की हत्या (ख) देश का बँटवारा
(ग) सांप्रदायिक दंगे (घ) कोई नहीं

116. सन् 1957 में हुए द्वितीय लोकसभा आम चुनाव का मुख्य मुद्दा क्या था?
(क) भ्रष्टाचार (ख) नेहरू की नीतियाँ
(ग) शरणार्थी-पुनर्वास (घ) कोई नहीं

117. सन् 1962 में हुए तृतीय लोकसभा आम चुनाव का मुख्य मुद्दा क्या था?
(क) घोटाले (ख) दोषपूर्ण विदेश नीति
(ग) भुखमरी (घ) कोई नहीं

118. सन् 1967 में हुए चतुर्थ लोकसभा आम चुनाव में कौन सा मुद्दा आंशिक रूप में गरमाया था?
(क) नेहरू का विलासी जीवन (ख) गो-रक्षा
(ग) भारत-चीन युद्ध (घ) कोई नहीं

119. पाँचवीं लोकसभा के लिए सन् 1971 में हुए आम चुनाव में कौन सा मुद्दा काफी जोर-शोर से उछला?
(क) गरीबी (ख) भ्रष्टाचार
(ग) भारत-पाक युद्ध (घ) बेरोजगारी

120. सन् 1977 में एकजुट हुए गैर-कांग्रेसी, गैर-वामपंथी दलों द्वारा 'लोकतंत्र की हत्या' का मुद्दा मुख्य रूप से किसे लक्ष्य करके उछाला गया था?

उत्तर के लिए कृपया पृष्ठ सं. 164 देखें।

(क) इंदिरा गांधी (ख) राजीव गांधी
(ग) सोनिया गांधी (घ) मेनका गांधी

121. सन् 1977 में हुए आम चुनाव में उठाए गए मुद्दे 'लोकतंत्र की हत्या' में कौन सा प्रकरण नहीं था?
(क) शासकीय तानाशाही (ख) जबरन नसबंदी
(ग) गो–हत्या (घ) प्रेस पर प्रतिबंध

122. सन् 1977 में हुए आम चुनाव में 'लोकतंत्र की हत्या' मुद्दे को किसके नेतृत्व में जोर–शोर से उठाया गया था?
(क) आचार्य विनोबा भावे (ख) जयप्रकाश नारायण
(ग) सिद्धराज ढड्ढा (घ) राममनोहर लोहिया

123. सन् 1980 में हुए लोकसभा चुनाव में कौन सा मुद्दा प्रमुखता से उठाया गया था?
(क) स्थिर सरकार (ख) सांप्रदायिक दंगा
(ग) जन–वितरण प्रणाली (घ) कानून व्यवस्था

124. सन् 1980 में हुए चुनाव में कांग्रेस ने एक और मुद्दे को जबरदस्त ढंग से उछाला। वह क्या था?
(क) सार्वजनिक अवकाश (ख) छात्रों की फीस
(ग) महिलाओं का उद्धार (घ) प्याज की मूल्य–वृद्धि

125. सन् 1984 में इंदिरा गांधी की हत्या के बाद आठवीं लोकसभा के लिए हुए आम चुनाव में विपक्ष द्वारा उठाया गया ऐसा कौन सा मुद्दा था, जो 'सहानुभूति लहर' के सामने दमदार ढंग से उठ नहीं पाया?
(क) बोफोर्स दलाली (ख) दहेज–हत्या
(ग) राजीव गांधी को गद्दी (वंशवाद) (घ) कोई नहीं

126. सन् 1989 में हुए आम चुनाव में विपक्ष द्वारा उठाए गए किस मुद्दे के कारण कांग्रेस को जबरदस्त शिकस्त मिली?
(क) बोफोर्स दलाली (ख) कांग्रेस कुशासन
(ग) सन् '84 का दंगा (घ) मूल्य–वृद्धि

127. सन् 1991 में दसवीं लोकसभा के लिए हुए चुनाव में कांग्रेस ने अपना एक पुराना मुद्दा एक बार फिर उठाया, वह क्या था?
(क) गरीबी हटाओ (ख) स्थिर सरकार

उत्तर के लिए कृपया पृष्ठ सं. 164 देखें।

(ग) महिलाओं पर अत्याचार (घ) विपक्षी दलों का बिखराव

128. सन् 1991 के चुनाव में भारतीय जनता पार्टी ने हिंदू धर्मावलंबियों से जुड़ा एक मुद्दा उठाया था। वह क्या था?

(क) गंगा-शुद्धीकरण (ख) तीर्थस्थलों की सफाई

(ग) राम-मंदिर का निर्माण (घ) धर्मांतरण

129. सन् 1991 के चुनाव में जनता दल ने जो मुद्दा उठाया, वह क्या था?

(क) आरक्षण (ख) महिला आरक्षण

(ग) मुसलमानों को आरक्षण (घ) सामाजिक न्याय

130. ग्यारहवीं लोकसभा के लिए सन् 1996 में हुए आम चुनाव में भारतीय जनता पार्टी ने कौन सा मुद्दा उठाया?

(क) राम-मंदिर का निर्माण (ख) बँगलादेशी घुसपैठिए

(ग) भ्रष्टाचार (घ) महँगाई

131. ग्यारहवीं लोकसभा के लिए सन् 1996 में हुए आम चुनाव में कांग्रेस ने किस मुद्दे को उठाया?

(क) स्थिर सरकार (ख) सांप्रदायिकता

(ग) हवाला कांड (घ) बेरोजगारी

132. बारहवीं लोकसभा के लिए सन् 1998 में हुए चुनाव में भारतीय जनता पार्टी ने अपने किस मुद्दे को स्थगित रखा?

(क) राम-मंदिर का निर्माण (ख) धारा 370

(ग) समान नागरिक संहिता (घ) उपर्युक्त तीनों

133. तेरहवीं लोकसभा के लिए सन् 1999 में हुए चुनाव में कांग्रेस के विरुद्ध कौन सा मुद्दा जोर-शोर से उठा?

(क) सोनिया गांधी की नागरिकता (ख) वंशवाद

(ग) बोफोर्स (घ) कुशासन

134. तेरहवीं लोकसभा के लिए सन् 1999 में हुए चुनाव में कांग्रेस तथा वामपंथी दलों ने भारतीय जनता पार्टी के विरोध में कौन सा मुद्दा उठाया?

(क) सांप्रदायिकता (ख) भ्रष्टाचार

(ग) करगिल में घुसपैठ (घ) हवाला ☐

उत्तर के लिए कृपया पृष्ठ सं. 164 देखें।

7

चुनाव-चिह्न

135. राजनीतिक दलों और निर्दलीय उम्मीदवारों को चुनाव-चिह्न कौन आवंटित करता है ?

(क) प्रधानमंत्री सचिवालय (ख) लोकसभा सचिवालय

(ग) निर्वाचन आयोग (घ) सर्वोच्च न्यायालय

136. राजनीतिक दलों को चुनाव-चिह्न कब तक के लिए मिलते हैं ?

(क) चुनाव प्रचार तक (ख) चुनाव होने तक

(ग) चुनाव परिणाम आने तक (घ) टूट या विवाद के होने तक

137. निर्वाचन आयोग ने किस वर्ष तत्कालीन प्रमुख राजनीतिक दलों के नेताओं की एक बैठक बुलाई थी और उस बैठक में यह तय किया गया था कि प्रत्येक दल को एक चुनाव-चिह्न दिया जाए ?

(क) सन् 1947 (ख) सन् 1950

(ग) सन् 1951 (घ) सन् 1952

138. निर्वाचन आयोग ने 2 अगस्त, 1951 को सबसे पहले कितने दलों को चुनाव-चिह्न आवंटित करने की घोषणा की थी ?

(क) 4 (ख) 6

(ग) 8 (घ) 10

139. अभी कांग्रेस को मिला चुनाव-चिह्न 'मानव पंजा' सबसे पहले (सन् 1951 में) किस दल को मिला था ?

(क) फॉरवर्ड ब्लॉक (रुइकर ग्रुप) (ख) किसान-मजदूर प्रजा पार्टी

उत्तर के लिए कृपया पृष्ठ सं. 164 देखें।

(ग) अखिल भारतीय जनसंघ (घ) कृषिकार लोक पार्टी

140. स्वतंत्रता-प्राप्ति के तुरत बाद की प्रमुख राजनीतिक पार्टी 'सोशलिस्ट पार्टी' को तब कौन सा चुनाव-चिह्न मिला था?

(क) हाथी (ख) झोंपड़ी

(ग) बरगद का पेड़ (घ) मशाल

141. देश पर लगभग साढ़े चार दशक तक शासन करनेवाली पार्टी कांग्रेस को सबसे पहले कौन सा चुनाव-चिह्न दिया गया था?

(क) उगता सूरज (ख) गाय और बछड़ा

(ग) जोड़ा बैल (घ) हल में जुते जोड़ा बैल

142. वह ऐसा कौन सा एकमात्र प्रमुख राजनीतिक दल है, जो पाँच दशक बाद भी (17 अगस्त, 1951 से लेकर अब तक) बरकरार है?

(क) कांग्रेस (ख) हिंदू महासभा

(ग) भारतीय कम्युनिस्ट पार्टी (घ) जनता दल

143. प्रथम लोकसभा चुनाव के पूर्व जिन राष्ट्रीय दलों को चुनाव-चिह्न दिए गए थे, उनकी संख्या कितनी थी?

(क) 10 (ख) 12

(ग) 14 (घ) 16

144. प्रथम लोकसभा चुनाव के ठीक पहले कितने क्षेत्रीय दलों को चुनाव-चिह्न दिए गए थे?

(क) 12 (ख) 18

(ग) 24 (घ) 30

145. कांग्रेस का चुनाव-चिह्न 'हल में जुते जोड़ा बैल' किस आम चुनाव तक बरकरार रह सका?

(क) दूसरे (ख) तीसरे

(ग) चौथे (घ) पाँचवें

146. सन् 1969 में हुए कांग्रेस-विभाजन के बाद मूल (सत्ताधारी) कांग्रेस को कौन सा चुनाव-चिह्न मिला?

(क) पहलेवाला ही (ख) गाय और बछड़ा

(ग) मानव पंजा (घ) चरखा

147. स्वतंत्रता-प्राप्ति के पश्चात् कांग्रेस में हुए प्रथम विभाजन के फलस्वरूप

उत्तर के लिए कृपया पृष्ठ सं. 164 देखें।

बनी 'संगठन कांग्रेस' को तब कौन सा चुनाव-चिह्न मिला?

(क) चरखा कातती महिला (ख) चरखा

(ग) गाय और बछड़ा (घ) जोड़ा बैल

148. सन् 1978 में कांग्रेस में हुए विभाजन के बाद इंदिरा गांधी के नेतृत्ववाली कांग्रेस को कौन सा चुनाव-चिह्न मिला?

(क) चरखा (ख) मानव-पंजा

(ग) गाय और बछड़ा (घ) उगता सूरज

149. कांग्रेस से सन् 1978 में अलग हुए ब्रह्मानंद रेड्डी के नेतृत्ववाली कांग्रेस को कौन सा चुनाव-चिह्न मिला?

(क) गाय और बछड़ा (ख चरखा कातती महिला

(ग) हलधर किसान (घ) चरखा

150. ब्रह्मानंद रेड्डी के नेतृत्ववाली कांग्रेस से सन् 1979 में अलग हुए देवराज अर्स के नेतृत्ववाली कांग्रेस को कौन सा चुनाव-चिह्न मिला?

(क) चश्मा (ख) चम्मच

(ग) चरखा कातती महिला (घ) चरखा

151. सन् 1999 में सोनिया गांधी के नेतृत्ववाली कांग्रेस से अलग हुए शरद पवार के नेतृत्ववाली 'राष्ट्रवादी कांग्रेस पार्टी' को कौन सा चुनाव-चिह्न मिला?

(क) मानव-पंजा (ख) मेज घड़ी

(ग) घास और पत्तियाँ (घ) दीवार घड़ी

152. सन् 1964 में भारतीय कम्युनिस्ट पार्टी से अलग होकर बनी 'मार्क्सवादी कम्युनिस्ट पार्टी' को निर्वाचन आयोग ने कौन सा चुनाव-चिह्न दिया?

(क) अन्न की बालियाँ और हँसिया (ख) हँसिया और हथौड़ा

(ग) हँसिया, हथौड़ा और तारा (घ) हँसिया और तारा

153. प्रथम और द्वितीय लोकसभा चुनावों के समय के सात राजनीतिक दलों को मिलाकर बाद में बनी एक पार्टी 'भारतीय लोक दल' को कौन सा चुनाव-चिह्न दिया गया था?

(क) खेत जोतता किसान (ख) हलधर किसान

(ग) चक्र में खड़ा किसान (घ) चक्र में खड़ा हलधर

154. सन् 1977 में जयप्रकाश नारायण के प्रयासों से बनी 'जनता पार्टी' को

उत्तर के लिए कृपया पृष्ठ सं. 164 देखें।

निर्वाचन आयोग ने तत्काल मान्यता नहीं दी। लिहाजा उसे अपने एक घटक दल के ही चुनाव-चिह्न पर चुनाव लड़ना पड़ा। वह दल कौन सा था?

(क) भारतीय लोक दल (ख) जनसंघ

(ग) संगठन कांग्रेस (घ) सोशलिस्ट पार्टी

155. सन् 1977 में लोकसभा चुनाव के बाद 'जनता पार्टी' को कौन सा चुनाव-चिह्न दिया गया?

(क) चक्र में खड़ा हलधर (ख) चक्र

(ग) खेत जोतता किसान (घ) दीपक

156. सन् 1979 में 'जनता पार्टी' से अलग हुए चरण सिंह के नेतृत्ववाले गुट (जनता पार्टी सेक्युलर) को कौन सा चुनाव-चिह्न दिया गया था?

(क) खेत जोतता किसान (ख) अनाज ओसाता किसान

(ग) चक्र में खड़ा किसान (घ) खेत में पौध रोपता किसान

157. सन् 1980 में चंद्रशेखर के नेतृत्ववाली 'जनता पार्टी' से अलग हुए अटल बिहारी वाजपेयी के नेतृत्ववाले नए दल 'भारतीय जनता पार्टी' को कौन सा चुनाव-चिह्न मिला?

(क) चक्र में खड़ा हलधर (ख) रथ

(ग) दीपक (घ) कमल

158. नवगठित भारतीय जनता पार्टी के सभी नेता और कार्यकर्ता कमोबेश वे ही थे, जो 'जनता पार्टी' में विलीन हुए एक घटक 'जनसंघ' के थे। सत्ताईस वर्षों तक भारतीय राजनीति की मुख्यधारा में रहे उस दल (जनसंघ) का चुनाव-चिह्न क्या था?

(क) त्रिशूल (ख) शंख

(ग) दीपक (घ) गदा

159. एक बार इसकी काफी आशंका दिखने लगी थी कि भारतीय जनता पार्टी के चुनाव-चिह्न 'कमल' को निर्वाचन आयोग जब्त कर लेगा, लेकिन अंततः ऐसा हुआ नहीं। यह किस वर्ष हुआ था?

(क) सन् 1989 (ख) सन् 1991

(ग) सन् 1996 (घ) सन् 1998

160. भारतीय राजनीति में ऐसे कौन एकमात्र नेता है, जिन्हें अपनी अध्यक्षतावाले

उत्तर के लिए कृपया पृष्ठ सं. 164 देखें।

राजनीतिक दलों के लिए अलग-अलग समय पर पाँच चुनाव-चिह्नों के पक्ष में चुनाव-प्रचार करना पड़ा है ?

(क) इंदिरा गांधी (ख) अटल बिहारी वाजपेयी

(ग) चौधरी चरण सिंह (घ) चंद्रशेखर

161. सन् 1988 में गठित 'जनता दल' के चुनाव-चिह्न 'चक्र' में कितने डंडे (तीलियाँ) हैं ?

(क) 4 (ख) 5

(ग) 6 (घ) 8

162. बीसवीं शताब्दी के अंतिम दशक में निर्वाचन आयोग ने काफी माँग होने पर यह निर्णय लिया कि अब भविष्य में किसी भी दल या प्रत्याशी को किसी पशु-पक्षीवाला चुनाव-चिह्न नहीं दिया जाएगा; लेकिन हाँ, जिन दलों को ऐसे चिह्न दिए जा चुके हैं, वे भविष्य में भी इनका उपयोग करते रह सकते हैं। यह निर्णय किस वर्ष लिया गया ?

(क) सन् 1991 (ख) सन् 1993

(ग) सन् 1996 (घ) सन् 1998

163. मुलायम सिंह यादव की अध्यक्षतावाली 'समाजवादी पार्टी' का चुनाव-चिह्न क्या है ?

(क) साइकिल (ख) शेर

(ग) हाथी (घ) तीर-कमान

164. जनता दल से अलग हुए लालू प्रसाद ने अपना एक अलग दल 'राष्ट्रीय जनता दल' बनाया। इस दल को कौन सा चुनाव-चिह्न मिला ?

(क) दीपक (ख) मशाल

(ग) लालटेन (घ) बल्ब

165. चुनाव-चिह्नों को मान्यता प्रदान करने तथा उनका आरक्षण करने का प्रावधान संविधान की किस धारा के अंतर्गत किया गया है ?

(क) 270 (ख) 324

(ग) 351 (घ) 365

166. किसी दल के टूट या विवाद की स्थिति में उसके चुनाव-चिह्न को जब्त कौन करता है ?

(क) निर्वाचन आयोग (ख) राष्ट्रपति

उत्तर के लिए कृपया पृष्ठ सं. 164 देखें।

(ग) सर्वोच्च न्यायालय (घ) संसद्

167. मतपत्र पर चुनाव-चिह्न किस ओर छपा रहता है?

(क) दाएँ (ख) बाएँ

(ग) ऊपर (घ) नीचे

168. निर्दलीय उम्मीदवारों को चुनाव-चिह्न कब तक के लिए दिया जाता है?

(क) नामांकन-पत्र भरने तक (ख) चुनाव प्रचार तक

(ग) चुनाव परिणाम आने तक (घ) आजीवन

169. कांग्रेस के किस चुनाव-चिह्न का प्रचार करने और विजयी होने के बाद उसके तीन-तीन नेता प्रधानमंत्री बने?

(क) हल में जुते जोड़ा बैल (ख) गाय और बछड़ा

(ग) मानव पंजा (घ) चरखा

□

उत्तर के लिए कृपया पृष्ठ सं. 164 व 165 देखें।

8

चुनाव-सर्वेक्षण

170. विश्व में चुनाव-सर्वेक्षण का सूत्रपात अमेरिका में हुआ था। यह किस वर्ष हुआ था?

(क) सन् 1920 (ख) सन् 1922

(ग) सन् 1980 (घ) सन् 1982

171. विश्व में चुनाव-सर्वेक्षण का सूत्रपात करनेवाले व्यक्ति का नाम क्या था?

(क) डब्ल्यू. मोरिस जोन्स (ख) मायरन वाइनर

(ग) जॉर्ज गैलप (घ) वेब काफ

172. चुनाव-सर्वेक्षणों को क्या नाम दिया गया है?

(क) वाइनर पोल (ख) गैलप पोल

(ग) जोन्स पोल (घ) फील्ड पोल

173. चुनाव-सर्वेक्षण विशेषज्ञ जॉर्ज गैलप द्वारा इस विषय पर लिखी गई एक पुस्तक काफी चर्चित रही है। उस पुस्तक का नाम क्या है?

(क) गाइड टु पब्लिक ओपीनियन पोल (ख) ओपीनियन पोल साइंस

(ग) सिस्टम ऑफ ओपीनियन पोल (घ) आर्ट ऑफ ओपीनियन पोल

174. भारत में छठे दशक में 'इंडियन स्कूल ऑफ इंटरनेशनल स्टडीज' के एक विजिटिंग प्रोफेसर ने चुनाव-सर्वेक्षण कार्य का परिचय लोगों से कराया था। उस प्रोफेसर का नाम क्या था?

(क) ई.पी.डब्ल्यू.डी. कोस्टा (ख) डब्ल्यू. मोरिस जोन्स

(ग) जे.आर. फील्ड (घ) बी. सिरिस्कर

उत्तर के लिए कृपया पृष्ठ सं. 165 देखें।

175. भारत में चुनाव-पूर्व अनुमान लगाने में सर्वाधिक दक्ष कौन माने जाते हैं ?

(क) प्रणय रॉय (ख) विनोद दुआ

(ग) अशोक लाहिरी (घ) डेविड बटलर

176. सबसे पहले किस भारतीय प्रधानमंत्री ने सरकारी खुफिया एजेंसी से एक चुनाव-पूर्व सर्वेक्षण यह जानने के लिए करवाया था कि आसन्न लोकसभा चुनाव में क्या स्थिति रहेगी ?

(क) इंदिरा गांधी (ख) राजीव गांधी

(ग) विश्वनाथ प्रताप सिंह (घ) पी.वी. नरसिंह राव

177. चुनाव-पूर्व सर्वेक्षण करनेवाली प्रमुख एजेंसी इनमें से कौन नहीं है ?

(क) एम.ए.आर.जी. (ख) टी.डी.एस.

(ग) डी.आर.एस. (घ) सी. वोटर

178. 'गैलप पोल' इनमें से किसकी एक शाखा है ?

(क) सेफोलॉजी (ख) एलेक्शनोलॉजी

(ग) वोटोलॉजी (घ) पोलोलॉजी

179. भारत में चुनाव-पूर्व सर्वेक्षण की व्यावसायिक शुरुआत सन् 1980 के लोकसभा चुनाव के समय किस पत्रिका ने की थी ?

(क) धर्मयुग (ख) दिनमान

(ग) रविवार (घ) इंडिया टुडे

180. 'चुनाव के संदर्भ में भारतीय मानसिकता का आकलन करना बहुत कठिन है।' यह किस चुनाव-सर्वेक्षण विशेषज्ञ ने कहा था ?

(क) ई.पी.डब्ल्यू.डी. कोस्टा (ख) जे.आर. फील्ड

(ग) मायरन वाइनर (घ) डब्ल्यू. मोरिस जोन्स

181. 'सेंटर स्टडीज ऑफ डेवलपिंग सोसाइटी' ने किसके नेतृत्व में लोक-प्रवृत्ति का अध्ययन-विश्लेषण करके चुनावों पर नजर रखने के कार्य को एक आधार दिया ?

(क) डॉ. प्रकाश कोठारी (ख) रजनी कोठारी

(ग) प्रणय रॉय (घ) डॉ. यशपाल

182. चुनाव-सर्वेक्षण के कितने चरण या प्रकार होते हैं ?

(क) 1 (ख) 2

(ग) 3 (घ) 4

उत्तर के लिए कृपया पृष्ठ सं. 165 देखें।

183. इनमें से किस संस्था का यह मानना है कि चुनाव-सर्वेक्षण नहीं करवाए जाने चाहिए?

(क) राष्ट्रीय पत्रकार संघ (ख) दिल्ली पत्रकार संघ

(ग) एडीटर्स गिल्ड ऑफ इंडिया (घ) भारतीय प्रेस परिषद्

184. किसके द्वारा 20 अगस्त, 1999 को जारी इस अभूतपूर्व आदेश को सर्वोच्च न्यायालय ने 'निराधार' करार दिया था कि इलेक्ट्रॉनिक संचार माध्यमों में चुनाव-संबंधी विज्ञापनों के साथ 3 अगस्त, 1999 की शाम पाँच बजे से 3 अक्तूबर, 1999 की शाम तक चुनाव-पूर्व सर्वेक्षणों के प्रसारण नहीं किए जाएँ?

(क) केंद्रीय सरकार (ख) निर्वाचन आयोग

(ग) भारतीय प्रेस परिषद् (घ) दिल्ली सरकार

□

उत्तर के लिए कृपया पृष्ठ सं. 165 देखें।

9

गठबंधन

185. भारत में 'गठबंधन की राजनीति' की शुरुआत किस वर्ष हुई थी?

(क) सन् 1936 (ख) सन् 1947

(ग) सन् 1977 (घ) सन् 1988

186. भारत में सबसे पहले गठबंधन किस-किस दल के बीच हुआ था?

(क) कांग्रेस-मुसलिम ब्रदरहुड (लीग) (ख) कांग्रेस-जनसंघ

(ग) रामो-वामो-भाजपा (घ) जनता दल-कांग्रेस

187. स्वतंत्रता-प्राप्ति से दस वर्ष पहले 'मुसलिम ब्रदरहुड' (बाद में मुसलिम लीग) के टिकट पर चुनाव जीते एक नेता को कांग्रेस सरकार में मंत्री बना दिया गया था। वह नेता कौन थे?

(क) मो. जिन्ना (ख) खलिक उज्जमा

(ग) शकील उज्जमा (घ) हाफिज मो. इब्राहीम

188. सन् 1946 में पंजाब में बनी गठबंधन सरकार में कांग्रेस और अकाली दल के अतिरिक्त और कौन सा दल था?

(क) मुसलिम लीग (ख) प्रजा सोशलिस्ट पार्टी

(ग) जमींदारा लीग (घ) सोशलिस्ट पार्टी

189. सन् 1960 में केरल में बनी गठबंधन सरकार में कांग्रेस तथा प्रजा सोशलिस्ट पार्टी शामिल थी और बाहर से एक दल समर्थन कर रहा था। वह दल कौन सा था?

(क) हिंदू महासभा (ख) सोशलिस्ट पार्टी

उत्तर के लिए कृपया पृष्ठ सं. 165 देखें।

(ग) कम्युनिस्ट पार्टी (घ) मुसलिम लीग

190. प्रखर समाजवादी नेता डॉ. राममनोहर लोहिया द्वारा प्रस्तुत 'गैर-कांग्रेसवाद' की अवधारणा के बाद सन् 1967 में देश में एक ही साथ कुछ राज्यों में गठबंधन (साझा) सरकारें बनीं। उन राज्यों की संख्या कितनी थी?

(क) 4 (ख) 5

(ग) 8 (घ) 9

191. सन् 1967 में देश के कुछ प्रदेशों में गठबंधन (साझा) सरकारों के दौर में इनमें से कौन नेता उनमें से किसी प्रदेश के मुख्यमंत्री नहीं बने थे?

(क) चौधरी चरण सिंह (ख) कर्पूरी ठाकुर

(ग) गोविंद नारायण सिंह (घ) राव वीरेंद्र सिंह

192. सन् 1967 में एक ही साथ आठ राज्यों में बनी गठबंधन सरकारों को मुख्य रूप से किस नाम से जाना जाता था?

(क) मिली-जुली सरकार (ख) खिचड़ी सरकार

(ग) साझा सरकार (घ) संयुक्त विधायक दल सरकार

193. सन् 1967 में आठ राज्यों में गठबंधन की सरकारें बनने के दिनों में ही धड़ाधड़ हुए दल-बदल के कारण एक नया मुहावरा बना—'गया राम आया राम'। यह किस प्रदेश की घटना के कारण बना?

(क) उत्तर प्रदेश (ख) बिहार

(ग) हरियाणा (घ) मध्य प्रदेश

194. सन् 1977 से लेकर 1999 तक भारत में लगभग एक सौ साठ राज्य सरकारें बनीं। उनमें से कितनी सरकारें गठबंधनवाली थीं?

(क) 25 से अधिक (ख) 50 से अधिक

(ग) 75 से अधिक (घ) 100 से अधिक

195. आजादी पाने के साथ ही सन् 1947 में पं. जवाहरलाल नेहरू के नेतृत्व में बनी सरकार भी गठबंधन की (साझा) सरकार थी। उसमें एक प्रखर हिंदूवादी नेता भी मंत्री बनाए गए थे। वे नेता कौन थे?

(क) श्यामा प्रसाद मुखर्जी (ख) पं. दीनदयाल उपाध्याय

(ग) नानाजी देशमुख (घ) बलराज मधोक

196. एक बार इंदिरा गांधी ने भी गठबंधन के बूते (बाहरी समर्थन लेकर) अपनी सरकार चलाई थी। वह अवधि कौन सी थी?

उत्तर के लिए कृपया पृष्ठ सं. 165 देखें।

(क) सन् 1966-67 (ख) सन् 1969-71
(ग) सन् 1975-76 (घ) सन् 1983-84

197. सन् 1979 में जनता पार्टी से अलग होकर चौधरी चरण सिंह ने भी गठबंधन की सरकार एक बड़े दल के बाहरी समर्थन से बनाई थी। वह दल कौन सा था?
(क) भारतीय राष्ट्रीय कांग्रेस (ख) इंदिरा कांग्रेस
(ग) भारतीय कम्युनिस्ट पार्टी (घ) मार्क्सवादी कम्युनिस्ट पार्टी

198. विश्वनाथ प्रताप सिंह की सरकार को बाहर से समर्थन देनेवाले 'वामो' का पूरा रूप क्या था?
(क) वामा मोर्चा (ख) वास्तविक मोर्चा
(ग) वाम मोर्चा (घ) वाहियात मोर्चा

199. भारतीय जनता पार्टी ने विश्वनाथ प्रताप सिंह के नेतृत्ववाली गठबंधन सरकार को दिया जा रहा अपना बाहरी समर्थन किस बात से नाराज होकर वापस ले लिया था?
(क) आरक्षण की घोषणा (ख) आडवाणी की गिरफ्तारी
(ग) सरकार में लेने से इनकार (घ) वाजपेयी की फोन टेपिंग

200. विश्वनाथ प्रताप सिंह की सरकार के पतन के बाद चंद्रशेखर ने कांग्रेस के सहयोग से अपनी सरकार बनाई। तब उनके (चंद्रशेखर के पास) अपने कितने लोकसभा सदस्य थे?
(क) 45 (ख) 54
(ग) 145 (घ) 154

201. कांग्रेस ने चंद्रशेखर के नेतृत्ववाली सरकार से अपना बाहरी समर्थन क्यों वापस ले लिया?
(क) सरकार में लेने से इनकार (ख) आपत्काल की आलोचना
(ग) राजीव गांधी पर खुफिया नजर (घ) नेहरू की आलोचना

202. वाजपेयी सरकार ने इनमें से किससे समर्थन नहीं लिया था?
(क) बूटा सिंह (ख) मेनका गांधी
(ग) जगन्नाथ मिश्र (घ) सुखराम

203. पचास वर्षों में कांग्रेस के बाहरी सहयोग से कितने लोग प्रधानमंत्री बने?
(क) 1 (ख) 2
(ग) 3 (घ) 4

उत्तर के लिए कृपया पृष्ठ सं. 165 देखें।

204. सन् 1996 के लोकसभा चुनाव से पूर्व गैर-कांग्रेसी और गैर-भाजपाई दलों को एक मंच पर लाने तथा एक साझा कार्यक्रम तैयार करने के (विफल) प्रयास किए गए। उक्त साझा कार्यक्रम के बनाए गए तीन प्रारूप इनमें से किसके द्वारा नहीं बनाए गए थे?

(क) समाजवादी (ख) वामपंथी

(ग) जनता दल (घ) अकाली दल

205. 16 मई, 1996 को बनी गठबंधन सरकार के नेता अटल बिहारी वाजपेयी को लोकसभा में कितने दिनों के अंदर अपना बहुमत साबित करने के लिए तत्कालीन राष्ट्रपति ने कहा था?

(क) 1 सप्ताह (ख) 2 सप्ताह

(ग) 10 दिन (घ) 15 दिन

206. वाजपेयी सरकार के पतन के बाद इनमें से किसकी सरकार बनी?

(क) राष्ट्रीय मोर्चा (ख) भारतीय मोर्चा

(ग) संयुक्त मोर्चा (घ) धर्मनिरपेक्ष मोर्चा

207. देवगौड़ा के नेतृत्व में बनी गठबंधन सरकार को इनमें से किस दल ने समर्थन नहीं दिया था?

(क) द्रविड़ मुन्नेत्र कड़गम (ख) अन्ना द्रविड़ मुन्नेत्र कड़गम

(ग) तमिल मनीला कांग्रेस (घ) तेलगु देशम पार्टी

208. देवगौड़ा के नेतृत्व में बनी सरकार को कांग्रेस ने समर्थन दिया था। तब कांग्रेस का अध्यक्ष कौन था?

(क) पी.वी. नरसिंह राव (ख) सीताराम केसरी

(ग) सोनिया गांधी (घ) राजीव गांधी

209. इंदर कुमार गुजराल के नेतृत्व में बनी गठबंधन सरकार कितने महीने चली?

(क) 8 महीने (ख) 9 महीने

(ग) 10 महीने (घ) 11 महीने

210. देवगौड़ा सरकार बनवाने में इनमें से किसने सर्वाधिक महत्त्वपूर्ण भूमिका निभाई थी?

(क) चंद्रबाबू नायडू (ख) सीताराम येचुरी

(ग) जयपाल रेड्डी (घ) अजित सिंह

211. श्री वाजपेयी के नेतृत्व में बनी गठबंधन सरकार को काफी दिनों तक

उत्तर के लिए कृपया पृष्ठ सं. 165 देखें।

परेशान करती रहनेवाली और अंततः सरकार गिराने में महत्त्वपूर्ण भूमिका निभानेवाली महिला नेता कौन थीं ?

(क) ममता बनर्जी (ख) मायावती
(ग) जयललिता (घ) नजमा हेपतुल्ला

212. सन् 1999 में अन्नाद्रमुक द्वारा समर्थन वापस लेने के कारण वाजपेयी सरकार को विश्वास मत प्राप्त करने के लिए राष्ट्रपति द्वारा कहा गया था। तब मत-विभाजन के दौरान सरकार के पक्ष में कुल कितने मत पड़े ?

(क) 269 (ख) 270
(ग) 271 (घ) 272

213. तेरहवीं लोकसभा के चुनाव के पूर्व भाजपा ने अपने मित्र दलों के साथ मिलकर 'राष्ट्रीय जनतांत्रिक गठबंधन' बनाया। इसमें कुल मिलाकर कितने दल शामिल हुए ?

(क) 16 (ख) 18
(ग) 24 (घ) 28

214. भारत में सन् 2000 तक का सबसे बड़ा गठबंधन कौन सा है ?

(क) राष्ट्रीय जनतांत्रिक गठबंधन (ख) संयुक्त मोर्चा
(ग) सन् '98 का भाजपा-मित्रदल (घ) रामो-वामो-भाजपा

215. राष्ट्रीय जनतांत्रिक गठबंधन के संयोजक कौन बनाए गए ?

(क) अटल बिहारी वाजपेयी (ख) लालकृष्ण आडवाणी
(ग) जॉर्ज फर्नांडिस (घ) प्रमोद महाजन

216. ऐसा कौन सा दल है, जिसने केंद्र में तो कांग्रेस का विरोध जमकर किया, मगर महाराष्ट्र में उस (कांग्रेस) के साथ मिलकर सरकार बना ली ?

(क) राष्ट्रवादी कांग्रेस पार्टी (ख) शिवसेना
(ग) भारतीय जनता पार्टी (घ) कोई नहीं

217. इनमें से ऐसा कौन नेता है, जिसने जयप्रकाशजी के नेतृत्व में चले आंदोलन के दौरान कांग्रेस के खिलाफ खूब नारे लगाए, भाषण दिए, जेल गए, चुनाव भी लड़ा और जीता; मगर बाद में उसी (कांग्रेस) के साथ मिलकर प्रदेश में अपने दल की सरकार बनाई ?

(क) कर्पूरी ठाकुर (ख) नीतीश कुमार
(ग) लालू प्रसाद (घ) रामसुंदर दास □

उत्तर के लिए कृपया पृष्ठ सं. 165 देखें।

10

दल-बदल

218. भारत सरकार अधिनियम 1935 के अधीन सन् 1937 में हुए चुनावों में कांग्रेस को मिले बहुमत के बावजूद संयुक्त प्रांत (अब उत्तर प्रदेश) के किस मुख्यमंत्री ने मुसलिम लीग के कुछ सदस्यों को दल-बदल कर कांग्रेस में शामिल होने का प्रलोभन दिया था?

(क) गोविंद बल्लभ पंत (ख) डॉ. संपूर्णानंद

(ग) चंद्रभानु गुप्त (घ) चौधरी चरण सिंह

219. सन् 1952 में पुराने मद्रास राज्य में राजगोपालाचारी के नेतृत्व में बनी सरकार में विरोधी पक्ष के कितने विधायकों को कांग्रेस में मिलाकर पूर्ण बहुमत प्राप्त किया गया था?

(क) 12 (ख) 14

(ग) 16 (घ) 18

220. कांग्रेस ने सन् 1953 में टी. प्रकाशम को दल-बदल करवाकर कहाँ का मुख्यमंत्री बनवाया था?

(क) मद्रास (ख) मैसूर

(ग) हैदराबाद (घ) आंध्र प्रदेश

221. केरल में मार्च 1956 में कांग्रेस के कितने विधायकों द्वारा दल-बदल करने से सरकार गिर गई थी?

(क) 5 (ख) 6

(ग) 15 (घ) 16

उत्तर के लिए कृपया पृष्ठ सं. 165 देखें।

222. सन् 1957 के आम चुनावों के बाद कांग्रेस ने किस प्रदेश में चार निर्दलीय विधायकों को अपनी ओर करके सरकार बनाई थी?

(क) बंगाल (ख) उत्तर प्रदेश

(ग) उड़ीसा (घ) पंजाब

223. इनमें से किस नेता ने सन् 1967 में दल-बदल के बूते अपने प्रदेश में सरकार नहीं बनाई थी?

(क) चौधरी चरण सिंह (ख) गोविंद नारायण सिंह

(ग) सरदार लक्ष्मण सिंह गिल (घ) श्रीकृष्ण सिंह

224. दल-बदल के कारण किस प्रदेश में चार वर्षों के अंदर आठ सरकारें बनीं?

(क) उत्तर प्रदेश (ख) बिहार

(ग) हरियाणा (घ) मध्य प्रदेश

225. दल-बदल के लिए प्रसिद्ध शब्दबंध 'गया राम आया राम' हरियाणा के किस नाम के विधायक द्वारा सप्ताह में चार बार दल-बदल करने के कारण बना?

(क) आया लाल (ख) आया राम

(ग) गया लाल (घ) गया राम

226. मात्र नौ घंटे के अंदर दो बार दल-बदल किसने किया है?

(क) गया राम (ख) गया लाल

(ग) अजित सिंह (घ) विद्याचरण शुक्ल

227. हरियाणा में 'गया राम आया राम' शब्दबंध जब बना था, तब दल-बदल कराकर वहाँ अपनी सरकार बनानेवाले नेता कौन थे?

(क) राव वीरेंद्र सिंह (ख) देवीलाल

(ग) बंसीलाल (घ) भजनलाल

228. सन् 1967 में संसद् में किस नेता के द्वारा 'गया राम आया राम' कहने के बाद यह शब्दबंध दल-बदल के पर्याय के रूप में प्रसिद्ध हो गया था?

(क) इंदिरा गांधी (ख) केशवदेव मालवीय

(ग) जगजीवन राम (घ) यशवंतराव चह्वाण

229. देश में दल-बदल रोकने के लिए पहला विधेयक, जो कानून का रूप नहीं ले सका, लोकसभा में कब लाया गया था?

उत्तर के लिए कृपया पृष्ठ सं. 165 देखें।

(क) सन् 1968 (ख) सन् 1971
(ग) सन् 1973 (घ) सन् 1985

230. वर्तमान दल-बदल निरोधक कानून कब बनाया गया था?
(क) सन् 1977 (ख) सन् 1980
(ग) सन् 1985 (घ) सन् 1986

231. वर्तमान दल-बदल निरोधक कानून का संबंध किस संविधान-संशोधन अधिनियम से है?
(क) 50वें (ख) 52वें
(ग) 54वें (घ) 62वें

232. दल-बदल निरोधक कानून के वर्तमान प्रावधान सदन की किस शख्सियत को असीमित अधिकार देते हैं?
(क) अध्यक्ष/सभापति (ख) विपक्ष का नेता
(ग) मुख्य सचेतक (घ) सदन का नेता

233. मूल राजनीतिक दल के लोकसभा/विधानसभा सदस्यों की कुल संख्या का कितने भाग से अधिक यदि एक साथ दल छोड़े तो उसकी सदस्यता समाप्त नहीं होगी?
(क) आधा (ख) एक-तिहाई
(ग) दो-तिहाई (घ) एक-चौथाई

234. वर्तमान दल-बदल निरोधक कानून के अनुसार, किसी एक दल में किसी दल के विलय को वैध करार देने के लिए विलय के पक्ष में कितने सदस्यों की सहमति आवश्यक है?
(क) एक-तिहाई (ख) दो-तिहाई
(ग) एक-चौथाई (घ) तीन-चौथाई

235. दल-बदल निरोधक कानून के अंतर्गत किसी सदस्य की अयोग्यता के सवाल से जुड़ी सारी कार्यवाही संविधान के अनुच्छेद 122 के तहत संसद् की कार्यवाही मानी जाएगी, लेकिन विधानमंडल की कार्यवाही किस अनुच्छेद के तहत मानी जाएगी?
(क) 121 (ख) 123
(ग) 212 (घ) 222

236. 12 नवंबर, 1991 को दायर एक याचिका पर विचार करते हुए सर्वोच्च

उत्तर के लिए कृपया पृष्ठ सं. 165 व 166 देखें।

न्यायालय ने दल-बदल निरोधक कानून के संदर्भ में दिए अपने निर्णय द्वारा दसवीं अनुसूची के किस पैरे को पूर्ण रूप से अवैध घोषित कर दिया?

(क) दूसरे (ख) चौथे

(ग) छठे (घ) सातवें

237. जनता पार्टी के शासनकाल में दल-बदल निरोधक कानून लोकसभा में कब लाया गया था?

(क) सन् 1977 (ख) सन् 1978

(ग) सन् 1979 (घ) कभी नहीं

238. किस मुख्यमंत्री ने अपने पूरे मंत्रिमंडल के साथ दल-बदल करने का कीर्तिमान बनाया है?

(क) चौधरी चरण सिंह (ख) कर्पूरी ठाकुर

(ग) भजनलाल (घ) बंसीलाल

239. सन् 1990 में किस दल के लोकसभा सदस्यों द्वारा किए गए दल-बदल के कारण उन सदस्यों की सदस्यता रदद् करने का मसला काफी दिनों तक चलता रहा, लेकिन वैसा कुछ नहीं हुआ?

(क) भारतीय जनता पार्टी (ख) जनता दल

(ग) कांग्रेस (घ) जनता दल (समाजवादी)

240. सन् 1992 में जनता दल छोड़नेवाले एक-तिहाई से कम लोकसभा सदस्यों को एक अलग गुट की मान्यता देने का विवादास्पद निर्णय किस लोकसभा अध्यक्ष ने दिया था?

(क) शिवराज पाटिल (ख) रवि राय

(ग) बलराम जाखड़ (घ) जी.एम.सी. बालयोगी

□

उत्तर के लिए कृपया पृष्ठ सं. 166 देखें।

11

तख्तापलट

241. चिली में तख्तापलट करने के लिए विद्रोह करके सेना ने राष्ट्रपति एलेंदे गोसन्स सल्वाडोर की हत्या कब की थी?

(क) 11 सितंबर, 1972 (ख) 11 अक्तूबर, 1972

(ग) 11 सितंबर, 1973 (घ) 11 अक्तूबर, 1973

242. चिली में हुए सेना-विद्रोह का नेतृत्व किसने किया था?

(क) अगुस्तो पिनचेट (ख) जनरल ब्राडी

(ग) जोस मारिया सेपुल्वेदा (घ) राबर्टो सोपर

243. चिली के राष्ट्रपति एलेंदे, जिन्हें 'लातिनी अमेरिका का गांधी' कहा जाता था, ने उक्त सेना-विद्रोह का यथासंभव विरोध करने के लिए अंततः बंदूक उठा ली थी। वह बंदूक उन्हें एक प्रसिद्ध क्रांति-नायक ने दी थी। वह क्रांति-नायक कौन था?

(क) च्यांग काई शेक (ख) फीदेल कास्त्रो

(ग) चे गुएवारा (घ) जयप्रकाश नारायण

244. चिली में हुई तख्तापलट की घटना में अनुमानतः कितने लोग मारे गए थे?

(क) 5,000 (ख) 10,000

(ग) 15,000 (घ) 20,000

245. इंडोनेशिया की सेना के एक हिस्से ने राष्ट्रपति सुकार्णो के कार्यकाल में सत्ता पर कब्जा कर लिया था। यह घटना किस वर्ष हुई थी?

(क) सन् 1955 (ख) सन् 1956

उत्तर के लिए कृपया पृष्ठ सं. 166 देखें।

(ग) सन् 1965 (घ) सन् 1966

246. इंडोनेशिया में तख्तापलट किसके नेतृत्व में हुआ था?
(क) ले.क. उत्तुंग (ख) ले.ज. ए. यानी
(ग) मे.ज. एस. परसन (घ) एस.टी. हरजोनो

247. 17 जुलाई, 1973 को अफगानिस्तान में तत्कालीन बादशाह का तख्तापलट किया गया था। उस बादशाह का नाम क्या था?
(क) जहीर शाह (ख) मुहम्मद दाऊद
(ग) नूर मो. तराकी (घ) अमीर अमानुल्लाह

248. सन् 1973 में अफगानिस्तान में तख्तापलट करनेवाला व्यक्ति बादशाह का चचेरा भाई और बहनोई था। उसका नाम क्या था?
(क) मुहम्मद दाऊद (ख) हफीजुल्लाह अमीन
(ग) नूर मो. तराकी (घ) मीर अकबर खैबर

249. सन् 1973 में हुए तख्तापलट के कुछ ही वर्ष बाद अफगानिस्तान में सेना ने तत्कालीन राष्ट्रपति दाऊद की हत्या करके सत्ता पर अपना कब्जा जमा लिया। यह घटना किस वर्ष हुई थी?
(क) सन् 1977 (ख) सन् 1978
(ग) सन् 1979 (घ) सन् 1980

250. अफगानिस्तान में किसके नेतृत्व में राष्ट्रपति दाऊद को मारकर तख्तापलट किया गया था?
(क) बबरक करमाल (ख) नूर मो. तराकी
(ग) अब्दुल कादिर (घ) हफीजुल्लाह अमीन

251. अफगानिस्तान में सन् 1978 में हुए तख्तापलट के कुछ ही माह बाद प्रधानमंत्री अमीन ने टैंक एवं बख्तरबंद गाड़ियों से राष्ट्रपति भवन को घेरवाकर और गोलीबारी करवाकर राष्ट्रपति नूर मो. तराकी से आत्मसमर्पण करवाया तथा सत्ता पर पूरा कब्जा कर लिया। यह घटना कब घटित हुई थी?
(क) 14 सितंबर, 1979 (ख) 14 अक्तूबर, 1979
(ग) 14 नवंबर, 1979 (घ) 14 दिसंबर, 1979

252. पाकिस्तान में तख्तापलट की पहली घटना कब घटी थी?
(क) सन् 1951 (ख) सन् 1952

उत्तर के लिए कृपया पृष्ठ सं. 166 देखें।

(ग) सन् 1953 (घ) सन् 1954

253. 25 अप्रैल, 1974 को पुर्तगाल में तख्तापलट द्वारा जिसे सत्ताच्युत किया गया था, वह वहाँ चालीस वर्षों तक तानाशाह प्रधानमंत्री रहे सालाजार का उत्तराधिकारी (तानाशाह प्रधानमंत्री) था। उसका नाम क्या था?
(क) टॉमस (ख) स्पिनोला
(ग) सीतानो (घ) बास्को गोनकाल्वेज

254. 25 अप्रैल, 1974 को पुर्तगाल में तख्तापलट के बाद सत्ताच्युत तानाशाह प्रधानमंत्री का क्या हश्र हुआ था?
(क) हत्या (ख) आत्महत्या
(ग) आत्मसमर्पण (घ) देश से पलायन

255. पुर्तगाल में तख्तापलट के बाद किसके नेतृत्व में (अस्थायी) सरकार बनी?
(क) जनरल कोस्टा गोमेज (ख) जनरल स्पिनोला
(ग) कर्नल वास्को गोनकाल्वेज (घ) टॉमस

256. बीसवीं शताब्दी के सातवें दशक में ग्रीक सेना ने जिस प्रधानमंत्री की सरकार को उलट दिया था, उसका नाम क्या था?
(क) जॉर्ज पापेंद्रेऊ (ख) एंड्रियाज पापेंद्रेऊ
(ग) जॉन मेटाक्सस (घ) कनेलोपुलस

257. ग्रीक में किसके नेतृत्व में सेना ने तख्तापलट किया था?
(क) जॉर्ज नोवास (ख) एलेक्जेंडर पापगोस
(ग) जॉर्ज पापादोपुलस (घ) मेटाक्सस

258. पाकिस्तान में बिना रक्तपात के प्रथम 'सैनिक कू' कब हुआ?
(क) सन् 1954 (ख) सन् 1956
(ग) सन् 1958 (घ) सन् 1960

259. मिस्र में 23 जुलाई, 1952 को सेना ने किसके नेतृत्व में बिना खून-खराबा के तख्तापलट किया था?
(क) ओसमन पाशा (ख) मे.ज. हुसैन सिरीमुदिन
(ग) ब्रि.ज. नीजुएब (घ) गेमल अब्दुल नासिर

260. मिस्र में सन् 1952 में हुए तख्तापलट के दौरान सेना ने वहाँ के तत्कालीन प्रधानमंत्री हिलाले पाशा को सत्ताच्युत करके किसे प्रधानमंत्री बनाने का दबाव वहाँ के तत्कालीन राजा पर डाला था?

उत्तर के लिए कृपया पृष्ठ सं. 166 देखें।

(क) सिरई पाशा (ख) अली मेहर पाशा

(ग) ओसमन पाशा (घ) ब्रि.ज. नीजुएब

261. मिस्र में तख्तापलट करने के बाद सेना ने वहाँ के राजा फारूक पर यह भी दबाव डाला था कि वह अपने छोटे पुत्र अहमद फुआद के पक्ष में बादशाह की गद्दी छोड़ दे और स्वयं किसी दूसरे देश में जाकर बस जाए। राजा ने ऐसा किया भी। तब उस पुत्र की उम्र कितनी थी?

(क) 7 माह (ख) 17 माह

(ग) 7 साल (घ) 17 साल

262. मिस्र में सेना द्वारा किए गए तख्तापलट की योजना के पीछे मुख्य मस्तिष्क था सैंतीस वर्षीय एक कर्नल लेफ्टिनेंट का, जो बाद में मिस्र का राष्ट्रपति भी बना। उसका नाम क्या था?

(क) अब्दुल नासिर (ख) अनवर सादात

(ग) नीजुएब (घ) हिलाले पाशा

263. युगांडा में सेना के मुख्य कमांडर मेजर जनरल ईदी अमीन, जो बाद में वहाँ का तानाशाह शासक बना, के नेतृत्व में सेना ने वहाँ के राष्ट्रपति का तख्तापलट कर दिया था। यह घटना कब हुई थी?

(क) 25 जनवरी, 1970 (ख) 25 जनवरी, 1971

(ग) 25 जनवरी, 1972 (घ) 25 जनवरी, 1973

264. युगांडा में ईदी अमीन ने जिस राष्ट्रपति का तख्तापलट किया था, उसका नाम क्या था?

(क) मिल्टन ओबोती (ख) फिलिप ओबोती

(ग) पीटर ओबोमा (घ) बासिल बाटारिंगया

265. पाकिस्तान में हुई प्रथम सैनिक सत्ताहड़प की घटना में किसे अपदस्थ और गिरफ्तार करवाकर तथा बंदूक की नोक पर उससे त्याग-पत्र लिखवाकर अयूब खान वहाँ का राष्ट्रपति बन बैठा?

(क) इस्कंदर मिर्जा (ख) याहया खान

(ग) जुल्फिकार अली भुट्टो (घ) फातिमा जिन्ना

266. सन् 1971 में सूडान में सेना द्वारा किए गए वहाँ के राष्ट्रपति नीमेरी के तख्तापलट के कितने साल पहले तख्तापलट की एक और घटना हुई थी?

(क) 1 साल (ख) 2 साल

उत्तर के लिए कृपया पृष्ठ सं. 166 देखें।

(ग) 3 साल (घ) 4 साल

267. सन् 1958 में इराक में नूरी सईद का तख्तापलट किसने किया था ?
(क) जनरल राशिद (ख) जनरल तुफैल
(ग) जनरल कासिम (घ) जनरल परवेज

268. बर्मा (अब म्याँमार) में जनरल नी विन के नेतृत्व में सेना ने यू नू की सरकार का तख्तापलट किस वर्ष किया था ?
(क) सन् 1960 (ख) सन् 1961
(ग) सन् 1962 (घ) सन् 1963

269. घाना में सेना ने न्क्रुमाह का तख्तापलट कब किया था ?
(क) फरवरी 1966 (ख) जून 1966
(ग) अगस्त 1966 (घ) नवंबर 1966

270. इटली में तख्तापलट की घटना बीसवीं सदी के प्रथम चतुर्थांश में किस वर्ष हुई थी ?
(क) सन् 1902 (ख) सन् 1912
(ग) सन् 1922 (घ) सन् 1925

271. इनमें से किस देश में कभी तख्तापलट की घटना नहीं हुई है ?
(क) कंपूचिया (ख) गुयाना
(ग) ग्वाटेमाला (घ) भारत

272. बीसवीं शताब्दी के अंतिम वर्ष में दक्षिण प्रशांत महासागर स्थित छोटे से द्वीप फीजी में जॉर्ज स्पेट द्वारा तख्तापलट कब किया गया था ?
(क) 19 मई, 1999 (ख) 20 जून, 1999
(ग) 19 मई, 2000 (घ) 20 जुलाई, 2000

273. सन् 1977 में जुल्फिकार अली भुट्टो को अपदस्थ कर पाकिस्तान का शासक कौन बना था ?
(क) याहया खान (ख) टिक्का खान
(ग) अयूब खान (घ) जिया उल हक

274. फीजी में तख्तापलट के समय वहाँ के प्रधानमंत्री, जो भारतीय मूल के हैं, को उनके मंत्रिमंडल के सदस्यों के साथ बंधक बना लिया गया था। उनका नाम क्या है ?
(क) सुरेंद्र चौधरी (ख) देवेंद्र चौधरी

उत्तर के लिए कृपया पृष्ठ सं. 166 देखें।

(ग) चौधरी महेंद्र सिंह (घ) महेंद्र चौधरी

275. फीजी में हुए तख्तापलट को गैर-कानूनी करार देते हुए वहाँ के तत्कालीन राष्ट्रपति ने आपत्काल की घोषणा की थी। उक्त राष्ट्रपति का नाम क्या था?

(क) कर्नल इलिसोनी लिगेइरी (ख) सितिवेनी राबुका

(ग) रातू सर किमशेशे मारा (घ) रितू तिमोली सिलातोलू

276. किस वर्ष के उत्तरार्द्ध में नवाज शरीफ को अपदस्थ करके परवेज मुशर्रफ पाकिस्तान का शासक बन बैठा?

(क) सन् 1998 (ख) सन् 1999

(ग) सन् 2000 (घ) सन् 2001

277. सन् 2000 में किए गए तख्तापलट के पूर्व फीजी में और कितनी बार तख्तापलट किया जा चुका है?

(क) 1 (ख) 2

(ग) 3 (घ) 4

278. सन् 2000 में किए गए तख्तापलट के पूर्व सितिवेनी राबुका के नेतृत्व में विद्रोही गुट ने तख्तापलट किया था और फिर राबुका ने सत्ता सँभाली थी—यह घटना किस वर्ष हुई थी?

(क) सन् 1977 (ख) सन् 1986

(ग) सन् 1987 (घ) सन् 1997

279. सन् 2000 में जिस दिन फीजी में तख्तापलट हुआ उसी दिन एक अन्य छोटे से देश में भी वहाँ के राष्ट्रपति लुई गोंजालेज माच्ची की सरकार के तख्तापलट का प्रयास किया गया था, मगर उसे विफल कर दिया गया था। उस देश का नाम क्या है?

(क) पैरागुए (ख) फिनलैंड

(ग) फिलीपींस (घ) पाकिस्तान

280. फीजी में हुए तख्तापलट के बाद चुनाव कब हुआ?

(क) अगस्त 2000 (ख) नवंबर 2000

(ग) अगस्त 2001 (घ) सितंबर 2001

□

उत्तर के लिए कृपया पृष्ठ सं. 166 देखें।

12

हत्याएँ

281. अमेरिकी राष्ट्रपति अब्राहम लिंकन की हत्या कब की गई थी?
(क) 14 अप्रैल, 1864 (ख) 14 अप्रैल, 1865
(ग) 14 अप्रैल, 1866 (घ) 14 अप्रैल, 1867

282. जिस समय लिंकन की हत्या की गई थी, उस समय वे कहाँ थे?
(क) कार्यालय में (ख) घर में
(ग) खेल के मैदान में (घ) थिएटर में

283. अब्राहम लिंकन के हत्यारे का नाम क्या था?
(क) बूथ (ख) ग्रांट
(ग) पार्कर (घ) रॉथबोन

284. लिंकन द्वारा किस वर्ग को समानाधिकार दिए जाने से कुपित होकर हत्यारे ने उन (लिंकन) की हत्या की थी?
(क) आदिवासी (ख) गोरा
(ग) नीग्रो (घ) जंगली

285. लिंकन का हत्यारा किस पेशे से संबंधित था?
(क) सुरक्षाकर्मी (ख) रेलकर्मी
(ग) रंगकर्मी (घ) अपराधी

286. अब्राहम लिंकन की हत्या किस वस्तु से की गई थी?
(क) चाकू (ख) रिवॉल्वर
(ग) बम (घ) जहर

उत्तर के लिए कृपया पृष्ठ सं. 166 देखें।

287. अमेरिकी राष्ट्रपति जॉन कैनेडी की हत्या कब की गई थी?

(क) 22 नवंबर, 1963 (ख) 23 नवंबर, 1964

(ग) 24 नवंबर, 1965 (घ) 25 नवंबर, 1966

288. जॉन कैनेडी की हत्या अमेरिका के किस शहर में की गई थी?

(क) वाशिंगटन (ख) न्यूयॉर्क

(ग) डलास (घ) लॉस एंजेल्स

289. जॉन कैनेडी की हत्या किसने की थी?

(क) जैकी रूबी (ख) ओसवाल्ड

(ग) डॉन थॉमस (घ) नॉर्मन रैमेजे

290. जॉन कैनेडी की हत्या किस वस्तु से की गई थी?

(क) तलवार (ख) चाकू

(ग) गोलियाँ (घ) बम

291. चार अमेरिकी राष्ट्रपतियों—लिंकन, जैक्सन, मैकिन्ले और जॉन एफ. कैनेडी की हत्या सप्ताह के एक विशेष वार (दिन) को ही की गई थी। वह दिन कौन सा था?

(क) शुक्रवार (ख) शनिवार

(ग) रविवार (घ) सोमवार

292. जॉन कैनेडी के भाई रॉबर्ट कैनेडी की हत्या किस वर्ष की गई थी?

(क) सन् 1965 (ख) सन् 1966

(ग) सन् 1967 (घ) सन् 1968

293. रॉबर्ट कैनेडी की हत्या लॉस एंजेल्स में सिरहान नामक एक व्यक्ति ने जब की थी, तब वह (कैनेडी) किस पद हेतु चुनाव में उम्मीदवार थे?

(क) राष्ट्रपति (ख) सीनेटर

(ग) गवर्नर (घ) उपराष्ट्रपति

294. 'अमेरिका के गांधी' कहे जानेवाले मार्टिन लूथर किंग की हत्या किस वर्ष की गई थी?

(क) सन् 1958 (ख) सन् 1959

(ग) सन् 1968 (घ) सन् 1969

295. मार्टिन लूथर किंग की हत्या अमेरिका के किस शहर में की गई थी?

(क) वाशिंगटन (ख) न्यूयॉर्क

उत्तर के लिए कृपया पृष्ठ सं. 166 देखें।

(ग) डलास (घ) मेक्फिस

296. मार्टिन लूथर किंग के हत्यारे का मूल (असली) नाम क्या था?
(क) जेम्स अर्ल रे (ख) एरिक गाल्ट
(ग) रेमन स्नेड (घ) पॉल ब्रिजमैन

297. मार्टिन लूथर किंग की हत्या किस वस्तु से की गई थी?
(क) पिस्तौल (ख) राइफल
(ग) तलवार (घ) कटार

298. पाकिस्तान के प्रथम प्रधानमंत्री लियाकत अली खान की हत्या कब की गई थी?
(क) सन् 1950 (ख) सन् 1951
(ग) सन् 1952 (घ) सन् 1953

299. लियाकत अली खान की हत्या किस वस्तु से की गई थी?
(क) गोली (ख) बम
(ग) तलवार (घ) जहर

300. जिस समय लियाकत अली खान की हत्या की गई, उस समय वे क्या कर रहे थे?
(क) भोजन (ख) भाषण
(ग) यात्रा (घ) नमाज

301. लियाकत अली खान के हत्यारे का नाम क्या था?
(क) अकबर अली खान (ख) जहाँगीर अली खान
(ग) शहनवाज अली खान (घ) हुमायूँ खान

302. लियाकत अली खान का हत्यारा मूलत: किस देश का निवासी था?
(क) पाकिस्तान (ख) ईरान
(ग) अफगानिस्तान (घ) भारत

303. लियाकत अली खान के हत्यारे के साथ पुलिस ने तत्काल कैसा व्यवहार किया?
(क) भागने दिया (ख) मार डाला
(ग) कैद किया (घ) अधमरा किया

304. लियाकत अली खान की हत्या के मूल में कौन सा कारण था?
(क) निजी दुश्मनी (ख) धर्मांधता

उत्तर के लिए कृपया पृष्ठ सं. 166 देखें।

(ग) राजनीति (घ) अस्पष्ट

305. लियाकत अली खान की हत्या के दस दिनों के बाद पाकिस्तान सरकार ने वहीं के दो न्यायाधीशों का एक जाँच आयोग बैठाया, जिसकी रिपोर्ट असंतोषजनक और निराशापूर्ण निकली। तब एक अन्य देश के खुफिया पुलिस के एक उच्चाधिकारी (सी.ई.ओ.) के नेतृत्व में एक अन्य आयोग गठित किया गया। वह देश कौन सा था?

(क) इंग्लैंड (ख) अमेरिका

(ग) जर्मनी (घ) कनाडा

306. एक चामत्कारिक व्यक्तित्व रास्पुतिन, जिसे रूस के सम्राट् और सम्राज्ञी अपने महल में रखे हुए थे, जल्द ही उन दोनों के बाद (रूस का) सर्वाधिक प्रभावशाली व्यक्ति बन गया और रूसी लोगों की प्रतिष्ठा से खुलेआम खेलने लगा। अंततः जल्दी ही उसकी हत्या कर दी गई। उसके हत्यारे का क्या नाम था?

(क) जारविच (ख) कास्पारोव

(ग) युस्सुपोव (घ) पुतिन

307. रास्पुतिन को पहले तो जहर दिया गया, मगर उसे प्रभावी होते न देखकर एक अन्य चीज से उसकी हत्या की गई। वह चीज क्या थी?

(क) चाकू (ख) पिस्तौल

(ग) बम (घ) तलवार

308. रास्पुतिन की हत्या के कुछ समय बाद ही पूरे जार (रूसी सम्राट्) परिवार की भी हत्या कर दी गई। वे हत्याएँ किसने कीं?

(क) वोल्शेविक क्रांतिकारी (ख) राजकीय सैनिक

(ग) अपराधी (घ) युस्सुपोव के परिजन

309. ऑस्ट्रिया के नरेश पद के लिए मनोनीत फर्डीनांड और उनकी पत्नी सोफी की हत्या एक अन्य देश की राजधानी साराजेवो में कर दी गई। कहा जाता है कि इसी हत्याकांड से महायुद्धों का एक क्रम प्रारंभ हुआ। यह हत्याकांड किस देश में हुआ था?

(क) बुल्गारिया (ख) ब्राजील

(ग) बोस्निया (घ) बेल्जियम

310. ऑस्ट्रिया के नरेश फर्डीनांड और उनकी पत्नी सोफी की हत्या किस वर्ष

उत्तर के लिए कृपया पृष्ठ सं. 166 व 167 देखें।

की गई थी?

(क) सन् 1912 (ख) सन् 1913

(ग) सन् 1914 (घ) सन् 1915

311. अपने छोटे से देश को ऑस्ट्रिया की अधीनता से मुक्त कराने के उद्देश्य से फर्डीनांड दंपती की हत्या करनेवाले युवक का नाम क्या था?

(क) मुहम्मद (ख) कैब्रीनोविक

(ग) पापोविक (घ) प्रिंसिप

312. प्रथम महायुद्ध की समाप्ति के पश्चात् यूगोस्लाविया के राजा एलेक्जेंडर की हत्या उसके कुछ विरोधियों, जो उसी के देश के वासी थे, ने एक अन्य देश में की। वह देश कौन सा था?

(क) ब्रिटेन (ख) फ्रांस

(ग) जर्मनी (घ) जापान

313. यूगोस्लाविया-नरेश एलेक्जेंडर की हत्या किस वर्ष की गई थी?

(क) सन् 1931 (ख) सन् 1932

(ग) सन् 1933 (घ) सन् 1934

314. एलेक्जेंडर की हत्या के समय ही फ्रांस के विदेशमंत्री की भी हत्या की गई थी। उनका नाम क्या था?

(क) एल. वार्थो (ख) पायले

(ग) मालनी (घ) कैलेमन

315. हिटलर ने स्तालिन, चर्चिल और रूजवेल्ट की सामूहिक हत्या उनकी शिखर वार्त्ताओं के दौरान करवाने की योजना दो-दो बार बनवाई, मगर दोनों ही बार विफल हो गई। दूसरी योजना तो फरवरी 1945 में विफल हुई, पहली योजना कब विफल हुई?

(क) नवंबर 1941 (ख) नवंबर 1942

(ग) नवंबर 1943 (घ) नवंबर 1944

316. अल्जीरिया को आजादी देने के विरोध में आतंकवादियों द्वारा गोलियों की बौछार करके फ्रांस के राष्ट्रपति द गॉल की हत्या करने का विफल प्रयास किस वर्ष किया गया था?

(क) अगस्त 1960 (ख) अगस्त 1961

(ग) अगस्त 1962 (घ) अगस्त 1963

उत्तर के लिए कृपया पृष्ठ सं. 167 देखें।

317. लीबिया के राष्ट्राध्यक्ष कर्नल गद्दाफी की हत्या के प्रयास एक बड़े देश ने कई बार किए। उस देश का नाम क्या है?

(क) रूस (ख) अमेरिका

(ग) जर्मनी (घ) जापान

318. जलियाँवाला बाग हत्याकांड के लिए जिम्मेदार माइकल ओ' डायर का वध कब किया गया था?

(क) सन् 1938 (ख) सन् 1939

(ग) सन् 1940 (घ) सन् 1941

319. माइकल ओ' डायर का वध किसने किया था?

(क) राजगुरु (ख) भगत सिंह

(ग) सुखदेव (घ) ऊधम सिंह

320. महात्मा गांधी की हत्या दिल्ली में किस स्थान पर की गई थी?

(क) राजघाट (ख) बिड़ला हाउस

(ग) बिड़ला मंदिर (घ) हरिजन आश्रम

321. जिस समय गांधीजी की हत्या की गई, उस समय उनकी उम्र कितनी थी?

(क) 78 वर्ष 4 माह (ख) 79 वर्ष 3 माह

(ग) 80 वर्ष 8 माह (घ) 81 वर्ष 4 माह

322. महात्मा गांधी को कितनी गोलियाँ मारी गई थीं?

(क) 1 (ख) 2

(ग) 3 (घ) 4

323. महात्मा गांधी पर गोलियाँ चलानेवाले व्यक्ति का नाम क्या था?

(क) नथूराम गोडसे (ख) नाथूराम गोडसे

(ग) नत्थूराम गोडसे (घ) नात्थूराम गोडसे

324. महात्मा गांधी की हत्या-विषयक जाँच के लिए सर्वोच्च न्यायालय के एक सेवानिवृत्त न्यायाधीश की अध्यक्षता में एक आयोग का गठन किया गया था। उक्त आयोग को किस नाम से जाना गया?

(क) भंडारी आयोग (ख) खोसला आयोग

(ग) मल्होत्रा आयोग (घ) कपूर आयोग

325. उन दिनों दिल्ली के लिए उच्च न्यायालय पंजाब का था। विभाजन के पश्चात् वह एक अन्य शहर में बैठने लगा, जो अभी एक प्रदेश की राजधानी

उत्तर के लिए कृपया पृष्ठ सं. 167 देखें।

है। उस शहर का नाम क्या है?

(क) चंडीगढ़ (ख) शिमला

(ग) श्रीनगर (घ) जयपुर

326. गांधीजी की हत्या के दो मुख्य अभियुक्तों को जिस न्यायाधीश ने फाँसी की सजा सुनाई, उनका नाम क्या था?

(क) श्री आत्माचरण (ख) श्री राधाचरण

(ग) श्री श्यामाचरण (घ) श्री कालीचरण

327. गांधीजी की हत्या के दो मुख्य अभियुक्तों नथूराम गोडसे और नारायण दत्तात्रय आप्टे को 15 नवंबर, 1949 को (हत्या के लगभग पौने दो साल बाद) फाँसी दे दी गई। यह सजा किस जेल में दी गई?

(क) तिहाड़ जेल (ख) अंबाला जेल

(ग) हजारीबाग जेल (घ) नैनी जेल

328. गांधीजी की हत्या दिल्ली में जिस जगह पर की गई थी, वहाँ की सड़क अब किस नाम से जानी जाती है?

(क) महात्मा गांधी मार्ग (ख) कस्तूरबा गांधी मार्ग

(ग) मंदिर मार्ग (घ) 30 जनवरी मार्ग

329. कहा जाता है कि भारत के पूर्व प्रधानमंत्री श्री लाल बहादुर शास्त्री की 11 जनवरी, 1966 को हुई मृत्यु 'स्वाभाविक' नहीं थी, बल्कि जहर देकर उनकी 'हत्या' की गई थी। उस समय वे एक देश की यात्रा पर थे। वह देश कौन सा था?

(क) पाकिस्तान (ख) चीन

(ग) रूस (घ) अमेरिका

330. पंजाब के मुख्यमंत्री प्रताप सिंह कैरों की हत्या कब की गई थी?

(क) 6 जनवरी, 1964 (ख) 6 फरवरी, 1965

(ग) 6 मार्च, 1966 (घ) 6 अप्रैल, 1967

331. स्वतंत्रता-प्राप्ति से बाद के बावन वर्षों में किस प्रदेश के दो-दो मुख्यमंत्रियों की हत्या की जा चुकी है?

(क) पंजाब (ख) महाराष्ट्र

(ग) पश्चिम बंगाल (घ) उत्तर प्रदेश

332. इंदिरा गांधी की हत्या कब की गई थी?

उत्तर के लिए कृपया पृष्ठ सं. 167 देखें।

(क) 30 अक्तूबर, 1984 (ख) 31 अक्तूबर, 1984
(ग) 19 नवंबर, 1984 (घ) 31 दिसंबर, 1984

333. इंदिरा गांधी की हत्या दिल्ली में किस स्थान पर हुई थी?
(क) 7, रेसकोर्स रोड (ख) 24, अकबर रोड
(ग) 1, सफदरजंग रोड (घ) तीनमूर्ति भवन

334. इंदिरा गांधी की हत्या किस वस्तु से की गई थी?
(क) गोलियाँ (ख) जहर
(ग) कृपाण (घ) मानव बम

335. इंदिरा गांधी के दोनों हत्यारों के नाम क्या थे?
(क) बेअंत सिंह/केहर सिंह (ख) बेअंत सिंह/सतवंत सिंह
(ग) सतवंत सिंह/बलबीर सिंह (घ) केहर सिंह/सतवंत सिंह

336. इंदिरा गांधी की हत्या के तत्काल बाद इंडो-तिब्बत के दो पुलिसकर्मियों ने किस हत्यारे को मार गिराया था?
(क) बेअंत सिंह (ख) केहर सिंह
(ग) सतवंत सिंह (घ) बलबीर सिंह

337. इंदिरा गांधी की हत्या के मूल में कौन सा 'ऑपरेशन' था?
(क) ऑपरेशन विजय (ख) ऑपरेशन ब्लू स्टार
(ग) ऑपरेशन फ्लड (घ) ऑपरेशन ब्लैकबोर्ड

338. इंदिरा गांधी हत्याकांड के शेष दो अभियुक्तों को कब फाँसी दी गई?
(क) सन् 1985 में (ख) सन् 1986 में
(ग) सन् 1988 में (घ) सन् 1989 में

339. अपनी हत्या किए जाने के समय इंदिरा गांधी कहाँ थीं?
(क) आवासीय परिसर में (ख) संसद् भवन में
(ग) चुनाव-सभा में (घ) बिरला भवन में

340. राजीव गांधी की हत्या कब की गई थी?
(क) 20 मई, 1990 (ख) 20 मई, 1991
(ग) 21 मई, 1991 (घ) 22 मई, 1991

341. राजीव गांधी की हत्या श्रीपेरुंबुदूर नामक जिस स्थान पर हुई थी, वह किस राज्य में है?
(क) तमिलनाडु (ख) केरल

उत्तर के लिए कृपया पृष्ठ सं. 167 देखें।

(ग) आंध्र प्रदेश (घ) कर्नाटक

342. राजीव गांधी की हत्या किस वस्तु से की गई थी?

(क) गोली (ख) मानव बम

(ग) जहर (घ) तलवार

343. जिस आत्मघाती हत्यारिन ने राजीव गांधी की हत्या में प्रत्यक्ष भूमिका निभाई, उसका नाम क्या था?

(क) धनु (ख) धन्नो

(ग) शिवानी (घ) लिट्टे

344. राजीव गांधी की हत्या की साजिश को अमली जामा पहनाया श्रीलंका के आतंकवादी संगठन 'लिट्टे' के एक कुख्यात उग्रवादी ने। उस उग्रवादी का नाम क्या था?

(क) शिवरामन (ख) शिवरासन

(ग) शिवनारायणन (घ) शंकररामन

345. राजीव हत्याकांड की जाँच के लिए दो आयोग गठित किए गए। पहला आयोग तो 'वर्मा आयोग' था, दूसरा आयोग कौन सा था?

(क) सरकारिया आयोग (ख) लिब्राहन अयोग

(ग) जैन आयोग (घ) शाह आयोग

346. श्रीलंका के राष्ट्रपति पद के उम्मीदवार जेमिनी दिसानायके की हत्या कब की गई थी?

(क) 23 सितंबर, 1994 (ख) 23 अक्तूबर, 1994

(ग) 23 नवंबर, 1994 (घ) 23 दिसंबर, 1994

347. श्रीलंका के राष्ट्रपति प्रेमदासा की हत्या कब की गई थी?

(क) 1 मई, 1992 (ख) 1 जून, 1992

(ग) 1 मई, 1993 (घ) 1 जून, 1993

348. बंगबंधु शेख मुजीबुर रहमान की हत्या किस वर्ष के अगस्त माह में की गई थी?

(क) सन् 1973 (ख) सन् 1974

(ग) सन् 1975 (घ) सन् 1976

349. नेपाल के महाराजा वीरेंद्र, महारानी ऐश्वर्या तथा कम-से-कम चार परिजनों की हत्या उनके राजमहल में एक ही साथ कर दी गई थी। यह घटना कब घटित हुई?

उत्तर के लिए कृपया पृष्ठ सं. 167 देखें।

(क) 1 अप्रैल, 2001 (ख) 1 मई, 2001

(ग) 1 जून, 2001 (घ) 1 जुलाई, 2001

350. नेपाल के महाराजा और महारानी सहित अन्य परिजनों की हत्या किस चीज से की गई थी?

(क) गोलियाँ (ख) बम

(ग) जहर (घ) तीर

351. इंदिरा गांधी मंत्रिपरिषद् के वरिष्ठ सदस्य ललित नारायण मिश्र की हत्या कब की गई थी?

(क) सन् 1973 (ख) सन् 1974

(ग) सन् 1975 (घ) सन् 1976

352. समाजवादी पार्टी के टिकट पर लोकसभा के लिए चुनी गई पूर्व दस्यु-सुंदरी फूलन देवी की हत्या दिल्ली स्थित उनके निवास स्थान पर कब की गई थी?

(क) 25 जुलाई, 2001 (ख) 26 जुलाई, 2001

(ग) 27 जुलाई, 2001 (घ) 28 जुलाई, 2001

□

उत्तर के लिए कृपया पृष्ठ सं. 167 देखें।

13

जनक्रांतियाँ

353. विश्व में सफल जनक्रांति की प्रथम घटना कब घटित मानी जाती है?
(क) ईसा से 53 वर्ष पूर्व (ख) ईसा से 73 वर्ष पूर्व
(ग) सन् 73 (घ) सन् 240

354. विश्व की प्रथम सफल मानी जानेवाली जनक्रांति का नायक कौन था?
(क) बाटियाटस (ख) ड्रावा
(ग) डेविड (घ) स्पार्टाकस

355. विश्व की प्रथम जनक्रांति किसके खिलाफ की गई थी?
(क) यहूदी (ख) थ्रेसियन
(ग) रोमन (घ) नीग्रो

356. विश्व की प्रथम जनक्रांति के नायक स्पार्टाकस का क्या हश्र हुआ?
(क) आत्मसमर्पण (ख) मारा गया
(ग) गिरफ्तार (घ) आत्महत्या

357. इंग्लैंड में हुई क्रांति की अवधि क्या थी?
(क) सन् 1628-1658 (ख) सन् 1638-1658
(ग) सन् 1638-1668 (घ) सन् 1628-1668

358. इंग्लैंड की क्रांति की विफलता के बाद गद्दी पर किसे बैठाया गया?
(क) ऑलिवर क्रॉमवेल (ख) चार्ल्स प्रथम
(ग) चार्ल्स द्वितीय (घ) चार्ल्स तृतीय

उत्तर के लिए कृपया पृष्ठ सं. 167 देखें।

359. इंग्लैंड की क्रांति के गर्भ में भविष्य की किस शासन-पद्धति का बीज छिपा था ?

(क) राजतंत्र (ख) संसदीय लोकतंत्र

(ग) तानाशाही (घ) इनमें से कोई नहीं

360. इंग्लैंड में सन् 1688-89 में हुई स्वर्णिम रक्तहीन क्रांति के बाद किसे वहाँ का राजा बनाया गया ?

(क) जॉन चर्चिल (ख) विलियम

(ग) जेम्स द्वितीय (घ) जॉर्ज प्रथम

361. इंग्लैंड में हुई स्वर्णिम रक्तहीन क्रांति के काल में वहाँ के किस नायक की फ्रांस के लुई चौदहवें से हुई जबरदस्त दुश्मनी की बात तब की राजनीति के हर जानकार की जुबान पर थी ?

(क) ऑलिवर क्रॉमवेल (ख) जॉन चर्चिल

(ग) विलियम (घ) जेम्स द्वितीय

362. सन् 1688-89 में इंग्लैंड में हुई क्रांति के बाद वहाँ के राजा जेम्स द्वितीय ने भागकर किस देश में शरण ली थी ?

(क) जर्मनी (ख) जापान

(ग) भारत (घ) फ्रांस

363. अमेरिकी क्रांति सबसे पहले कब हुई थी ?

(क) सन् 1753-82 (ख) सन् 1763-82

(ग) सन् 1763-92 (घ) सन् 1753-72

364. अमेरिकी क्रांति से पूर्व उत्तरी अमेरिका के तेरह उपनिवेशों पर किसका शासन था ?

(क) ब्रिटेन (ख) फ्रांस

(ग) जर्मनी (घ) जापान

365. अमेरिकी क्रांति के दौरान अमेरिकियों ने ईस्ट इंडिया कंपनी की कौन सी चीज काफी बड़ी मात्रा में बरबाद कर दी ?

(क) गेहूँ (ख) कॉफी

(ग) चाय (घ) चीनी

366. अमेरिकी क्रांति का नायक कौन था ?

(क) अब्राहम लिंकन (ख) जॉर्ज वाशिंगटन

उत्तर के लिए कृपया पृष्ठ सं. 167 देखें।

(ग) जॉन एडम्स (घ) सैमुअल एडम्स

367. अमेरिका का प्रसिद्ध 'स्वतंत्रता का घोषणा-पत्र' जुलाई 1776 में किसने लिखकर तैयार किया था?

(क) जॉर्ज वाशिंगटन (ख) पैट्रिक हेनरी

(ग) जॉन एडम्स (घ) टॉमस जैफर्सन

368. अमेरिकी क्रांति के दौरान किस देश ने हथियार और पैसे देकर अमेरिकियों की मदद की थी?

(क) फ्रांस (ख) कनाडा

(ग) जापान (घ) चीन

369. अमेरिकी क्रांति के फलस्वरूप संयुक्त राज्य अमेरिका को ब्रिटेन से आजादी किस वर्ष मिली?

(क) सन् 1776 (ख) सन् 1780

(ग) सन् 1782 (घ) सन् 1783

370. फ्रांसीसी क्रांति कब हुई थी?

(क) सन् 1779-84 (ख) सन् 1789-94

(ग) सन् 1779-94 (घ) सन् 1784-90

371. फ्रांसीसी क्रांति के दौरान वहाँ का राजा कौन था?

(क) लुई तेरहवाँ (ख) लुई चौदहवाँ

(ग) लुई पंद्रहवाँ (घ) लुई सोलहवाँ

372. फ्रांसीसी क्रांति की प्रतीकात्मक शुरुआत के समय (14 जुलाई, 1789 को) किस वर्ग से अपनी रक्षा करने के लिए हथियार तलाशती भीड़ ने किलेनुमा जेल में घुसने की कोशिश की थी?

(क) कुलीन वर्ग (ख) पुरोहित वर्ग

(ग) श्रमिक वर्ग (घ) थर्ड एस्टेट

373. विश्व राजनीति के दो सुपरिचित शब्द 'दक्षिणपंथी' और 'वामपंथी' सबसे पहले फ्रांसीसी क्रांति के ही काल में असेंबली में खुली बहस के दौरान प्रयोग में आए। यह किस वर्ष हुआ था?

(क) सन् 1789 (ख) सन् 1790

(ग) सन् 1791 (घ) सन् 1792

374. फ्रांस के राजा रहे लुई पर क्रांति की अवधि में ही गणराज्य से गद्दारी

उत्तर के लिए कृपया पृष्ठ सं. 167 देखें।

करने का मुकदमा चला और अंततः उसे मृत्युदंड दे दिया गया। यह घटना किस वर्ष हुई थी?

(क) सन् 1791 (ख) सन् 1792

(ग) सन् 1793 (घ) सन् 1794

375. क्रांति का पतन होने पर (सन् 1794 के बाद) क्रांति के ही एक प्रमुख नायक को गिरफ्तार करके मृत्युदंड दे दिया गया। उस नायक का नाम क्या था?

(क) रॉब्सपियरे (ख) वोलनी

(ग) बेली (घ) मिराब्यु

376. यूनान पर कब्जा जमाए तुर्की के खिलाफ यूनानियों ने प्रथम क्रांति की शुरुआत कब की?

(क) सन् 1820 (ख) सन् 1822

(ग) सन् 1824 (घ) सन् 1826

377. यूनान में हुई क्रांति को तुर्की द्वारा दबा दिए जाने के कुछ वर्ष बाद तुर्की के सुल्तान को अंततः यूनानी आजादी माननी पड़ी और यूनान एक प्रभुसत्ता-संपन्न राष्ट्र घोषित हुआ। यह किस वर्ष हुआ?

(क) सन् 1828 (ख) सन् 1829

(ग) सन् 1830 (घ) सन् 1831

378. स्पेनी साम्राज्य के खिलाफ दक्षिण अफ्रीका ने किसके नेतृत्व में क्रांति का बिगुल बजाया था?

(क) सैन मार्टिन (ख) साइमन बोलीवर

(ग) जेम्स मुनरो (घ) अब्राहम लिंकन

379. सन् 1830 में हुई बेल्जियम क्रांति किसके विरुद्ध थी?

(क) रोमन (ख) डच

(ग) यहूदी (घ) नीग्रो

380. बेल्जियम क्रांति के बाद वहाँ का शासक कौन बना?

(क) टेलीरैंड (ख) लुई फिलिप

(ग) प्रिंस लियोपोल्ड (घ) नेपोलियन

381. सन् 1857 में अंग्रेजों के खिलाफ भारत में हुए विद्रोह की मुख्य लड़ाकू शक्ति किस वर्ग के पास थी?

उत्तर के लिए कृपया पृष्ठ सं. 167 व 168 देखें।

(क) राजा-नवाब (ख) राष्ट्रीय नेता
(ग) ब्राह्मण (घ) सिपाही

382. सन् 1857 के विद्रोह का संदेश एक रेजीमेंट से दूसरे रेजीमेंट तक रोटी के साथ-साथ एक विशेष प्रकार का फूल भेजकर दिया जाता था। वह फूल कौन सा था?
(क) लाल गुलाब (ख) लाल कमल
(ग) सफेद गुलाब (घ) सफेद कमल

383. सन् 1857 का गदर कितने समय तक चलता रहा?
(क) 6 माह (ख) 1 साल
(ग) 2 साल (घ) 3 साल

384. 'अमेरिका की दूसरी क्रांति' का काल क्या रहा है?
(क) सन् 1850-60 (ख) सन् 1850-65
(ग) सन् 1860-65 (घ) सन् 1860-70

385. अमेरिका की दूसरी क्रांति का संबंध किस प्रथा से था?
(क) दास-प्रथा (ख) दहेज-प्रथा
(ग) बँधुआ मजदूर-प्रथा (घ) सती-प्रथा

386. किस तिथि को एक फौजी संधि होने के बाद अमेरिका के गृह-युद्ध (क्रांति) को विराम दिया गया?
(क) 9 अप्रैल, 1864 (ख) 9 अप्रैल, 1865
(ग) 9 अप्रैल, 1866 (घ) 9 अगस्त, 1865

387. इतालवी क्रांति किस कालखंड में हुई थी?
(क) सन् 1850-67 (ख) सन् 1850-57
(ग) सन् 1860-62 (घ) सन् 1860-67

388. इतालवी क्रांति का नायक कौन था?
(क) मेजिनी (ख) विक्टर इमानुएल
(ग) गैरीबाल्डी (घ) काउंट केवर

389. इतालवी क्रांति के दौरान गैरीबाल्डी का लक्ष्य क्या था?
(क) शासक पद की प्राप्ति (ख) इटली का एकीकरण
(ग) दास-प्रथा की समाप्ति (घ) ऑस्ट्रिया पर कब्जा

390. सन् 1871 में पेरिसवासियों ने 'दुनिया के प्रथम सर्वहारा राज्य' की स्थापना

उत्तर के लिए कृपया पृष्ठ सं. 168 देखें।

की। 'पेरिस कम्यून' के नाम से प्रसिद्ध यह क्रांति कुल कितने दिन चल पाई ?

(क) 52 दिन (ख) 62 दिन
(ग) 72 दिन (घ) 82 दिन

391. 'पेरिस कम्यून' में कितने पेरिसवासियों ने अपने प्राण दिए ?

(क) 15,000 (ख) 16,000
(ग) 25,000 (घ) 26,000

392. सन् 1917 में रूस में हुई क्रांति के नाम के साथ वर्ष के किस माह का नाम जुड़ा हुआ है ?

(क) जनवरी (ख) जून
(ग) अगस्त (घ) अक्तूबर

393. सन् 1917 में हुई रूसी क्रांति के दौरान कारखानों पर किस वर्ग ने कब्जा कर लिया था ?

(क) सैनिक (ख) छात्र
(ग) गुंडे (घ) मजदूर

394. तुर्की की क्रांति किस कालखंड में हुई थी ?

(क) सन् 1910-15 (ख) सन् 1915-20
(ग) सन् 1915-21 (घ) सन् 1921-26

395. तुर्की की क्रांति के नायक कौन थे ?

(क) सुलतान अब्दुल हामिद (ख) कमाल अतातुर्क
(ग) एनवर बे (घ) मेजर नियासी

396. भारतीय स्वतंत्रता-संग्राम के किस क्रांतिकारी ने अंग्रेजों के हाथों मरने की बजाय स्वयं को गोली मारकर आत्माहुति दी थी ?

(क) रामप्रसाद बिस्मिल (ख) चंद्रशेखर आजाद
(ग) बटुकेश्वर दत्त (घ) खुदीराम बोस

397. इनमें से किस क्रांतिकारी को अंग्रेजों ने मार्च 1931 में फाँसी नहीं दी थी ?

(क) भगत सिंह (ख) सुखदेव
(ग) राजगुरु (घ) मन्मथनाथ गुप्त

398. भारतीय-स्वतंत्रता-संग्राम के किस क्रांतिकारी को रूसी साहित्यकार मैक्सिम गोर्की ने 'भारत का मेजिनी' कहा था ?

उत्तर के लिए कृपया पृष्ठ सं. 168 देखें।

(क) प्रफुल्ल चाकी (ख) श्यामजी कृष्ण वर्मा
(ग) सुभाषचंद्र बोस (घ) जयप्रकाश नारायण

399. 'जलियाँवाला बाग कांड' कब हुआ था?
(क) 13 अप्रैल, 1918 (ख) 13 अप्रैल, 1919
(ग) 13 अप्रैल, 1920 (घ) 13 अप्रैल, 1921

400. अमेरिका में 'गदर पार्टी' की स्थापना किस क्रांतिकारी ने की थी?
(क) लाला हरदयाल (ख) वीर सावरकर
(ग) वीरेंद्र कुमार घोष (घ) दादाभाई नौरोजी

□

उत्तर के लिए कृपया पृष्ठ सं. 168 देखें।

14

तानाशाह

401. खूँखार तानाशाह ईवान किस शताब्दी के चौथे दशक में अपने पिता के निधन के बाद मात्र तीन वर्ष की आयु में रूस के राजसिंहासन पर बैठा था?

(क) पंद्रहवीं (ख) सोलहवीं
(ग) सत्रहवीं (घ) अठारहवीं

402. युवावस्था में ही बर्बर बन गए ईवान की बर्बरता के कारण उसके नाम के साथ कौन सा शब्द प्रयुक्त किया जाता था?

(क) निर्दयी (ख) खूँखार
(ग) भयंकर (घ) अत्याचारी

403. सनक में आकर किसी को भी—अपने चाटुकारों, सलाहकारों और पुरोहितों तक को—जान से मरवा डालनेवाले ईवान ने इनमें से अपने किस परिजन की हत्या नहीं करवाई थी?

(क) माँ (ख) पुत्र
(ग) चचेरे भाई (घ) चौथी पत्नी

404. सन् 1575 में रूस में पड़े जबरदस्त अकाल से पीड़ित कितने लोगों को 'राहत' के नाम पर एकत्र करके ईवान ने मरवा डाला था?

(क) 600 (ख) 700
(ग) 800 (घ) 900

405. किसी की भी संपत्ति हड़प लेनेवाले ईवान ने अपनी युवावस्था में ही

उत्तर के लिए कृपया पृष्ठ सं. 168 देखें।

कितने लोगों को नंगे पाँव काफी दूर अविकसित क्षेत्र में छुड़वा दिया था?

(क) 8,000 (ख) 10,000

(ग) 12,000 (घ) 14,000

406. ईवान ने अपने शासनकाल में कुल कितने लोगों की निर्मम हत्या करवाई थी?

(क) 8,000 (ख) 9,000

(ग) 10,000 (घ) 11,000

407. सन् 1559 में किस देश की महारानी ने ईवान के इस अनुरोध को ठुकरा दिया था कि यदि मुझे रूस छोड़कर भागना पड़ा तो मैं चाहूँगा कि मुझे आपके देश में शरण मिले?

(क) ब्रिटेन (ख) नेपाल

(ग) भारत (घ) चीन

408. ईवान की मृत्यु किस वर्ष हुई थी?

(क) सन् 1574 (ख) सन् 1584

(ग) सन् 1684 (घ) सन् 1794

409. आगे चलकर घोर निर्दयी तानाशाह बना पीटर मात्र नौ वर्ष की उम्र में सन् 1682 में किस देश की गद्दी पर बैठा?

(क) ऑस्ट्रिया (ख) जापान

(ग) ब्रिटेन (घ) रूस

410. मात्र पच्चीस वर्ष की उम्र में पीटर ने महज 20 दिनों के अंदर (पाँच अलग-अलग दिनों में) सैकड़ों तथाकथित राजद्रोहियों को फाँसी पर चढ़वा दिया था। उनकी सही संख्या कितनी थी?

(क) 772 (ख) 872

(ग) 972 (घ) 1,072

411. अपने हजारों विरोधियों को चरखियों पर चढ़वाकर उनकी हड्डियाँ तुड़वाने और उनके मांस के लोथड़ों को धीमी आँच पर भुनवानेवाले पीटर के जीवन का अंत (एक असाध्य रोग के कारण) किस वर्ष हुआ?

(क) सन् 1725 (ख) सन् 1726

(ग) सन् 1730 (घ) सन् 1734

412. भविष्य में बर्बर तानाशाह बना हेनरी अष्टम मात्र अठारह वर्ष की आयु में

उत्तर के लिए कृपया पृष्ठ सं. 168 देखें।

किस वर्ष ब्रिटेन का सम्राट् बनाया गया?

(क) सन् 1499 (ख) सन् 1509

(ग) सन् 1519 (घ) सन् 1529

413. अपने विरोधियों के सिर कुल्हाड़े से कटवाने और उनके हृदय का रक्त निकलवाकर उन्हीं के चेहरे पर पुतवानेवाले हेनरी अष्टम की मृत्यु कब हुई थी?

(क) सन् 1547 (ख) सन् 1557

(ग) सन् 1567 (घ) सन् 1577

414. विश्व के तानाशाहों की सूची में एक महिला तानाशाह स्कॉटलैंड की महारानी भी रही है। उसका नाम क्या था?

(क) मेरी जैकलिन (ख) मेरी स्टुअर्ट

(ग) मेरी ब्रोन (घ) मेरी स्टीफर्ट

415. सत्ता की भूख से तड़पकर अपने बेटे तक की हत्या का षड्यंत्र रचनेवाली स्कॉटलैंड की महारानी का भी अंत सिर काटकर किया गया। यह घटना किस वर्ष घटी?

(क) सन् 1584 (ख) सन् 1585

(ग) सन् 1586 (घ) सन् 1587

416. विश्व के इतिहास में असाधारण रूप से दो-दो देशों—स्कॉटलैंड और इंग्लैंड का राजा स्कॉटलैंड की महारानी स्टुअर्ट का बेटा था, जो एक निरंकुश और फिजूलखर्च तानाशाह था। उसका नाम क्या था?

(क) चार्ल्स (ख) जेम्स

(ग) ऑगस्टस (घ) फिलिप

417. अपने राज्यकाल में लगभग 24,000 लोगों को पाशविक ढंग से मरवा देनेवाला खूँखार तानाशाह जुआन मेनुअल डे रोजाज किस देश का शासक था?

(क) ब्राजील (ख) फ्रांस

(ग) अर्जेंटीना (घ) वेनेजुएला

418. अपनी शादी होने तक जुआन शांतिप्रिय और विवेकी था। उसे स्वेच्छाचारी, षड्यंत्रकारी और बर्बर बनाया उसकी पत्नी ने। उस (पत्नी) का नाम क्या था?

उत्तर के लिए कृपया पृष्ठ सं. 168 देखें।

(क) एनकार (ख) एनकारने

(ग) एनकारनेश (घ) एनकारनेशन

419. स्वतंत्र प्रेस का दुश्मन रोजाज जब सन् 1829 में ब्यूनस आयर्स का गवर्नर बना, तब वहाँ से इकतीस समाचार-पत्र छपते थे। मात्र नौ वर्षों के बाद वहाँ कितने समाचार-पत्र जीवित बचे थे?

(क) 10 (ख) 7

(ग) 4 (घ) 1

420. रोजाज का पतन कब हुआ?

(क़) सन् 1851 (ख) सन् 1852

(ग) सन् 1853 (घ) सन् 1854

421. अर्जेंटीना में ही रोजाज और एनकारनेशन के 100 साल बाद एक अन्य शासक तानाशाह बना। उसका नाम क्या था?

(क) जुआन डिन्मिगो पेरों (ख) पेरों जुआन डिन्मिगो

(ग) डिन्मिगो पेरों जुआन (घ) डिन्मिगो जुआन पेरों

422. पेरों की पत्नी भी स्वेच्छाचारी, सनकी और बर्बर थी। उसका नाम क्या था?

(क) एक्विटा (ख) एविटा

(ग) विएटां (घ) विएक्टा

423. सन् 1946 में राष्ट्रपति बनने के बाद पेरों ने एक कानून बनाया, जिसके अनुसार, राष्ट्रपति या किसी अन्य उच्चाधिकारी की आलोचना राजद्रोह का अपराध माना जाएगा। उक्त कानून का नाम क्या था?

(क) अक्षम्य अपराध कानून (ख) अनादर कानून

(ग) आलोचना कानून (घ) राजद्रोह कानून

424. पेरों के पतन का आरंभ अर्जेंटीना में एक सैनिक विद्रोह से हुआ। वह किस वर्ष हुआ था?

(क) सन् 1949 (ख) सन् 1950

(ग) सन् 1951 (घ) सन् 1952

425. सन् 1955 में पेरों की वायुसेना ने उसके निवास (राष्ट्रपति भवन) पर बम बरसाए, मगर अपने अंगरक्षकों के कारण वह बच गया। कुछ दिनों के बाद भागकर वह दूसरे देश में पहुँचा। वह कौन सा देश था?

उत्तर के लिए कृपया पृष्ठ सं. 168 देखें।

(क) स्पेन (ख) साइप्रस
(ग) साइबेरिया (घ) सीरिया

426. अठारह वर्षों के बाद पेरों अपने देश लौटा और फिर चुनाव लड़कर उपराष्ट्रपति बना। उसकी मृत्यु कब हुई?
(क) सन् 1971 (ख) सन् 1972
(ग) सन् 1973 (घ) सन् 1974

427. पॉल पोट कहाँ का तानाशाह था?
(क) कंबोडिया (ख) कंपूचिया
(ग) कनाडा (घ) कज़ाकिस्तान

428. पॉल पोट की तानाशाही प्रवृत्ति के कारण मात्र तीन वर्षों में उसके देश की आबादी एक-चौथाई कम हो गई थी। यह किस अवधि की बात है?
(क) सन् 1955-58 (ख) सन् 1965-68
(ग) सन् 1975-78 (घ) सन् 1985-88

429. पॉल पोट ने कितने लोगों को जान से मरवाया था?
(क) 20 लाख (ख) 25 लाख
(ग) 30 लाख (घ) 40 लाख

430. सन् 1979 में किस देश के हमले के बाद पॉल पोट को सत्ता से हटना पड़ा था?
(क) ब्रिटेन (ख) वियतनाम
(ग) फ्रांस (घ) अमेरिका

431. बर्बर तानाशाह मुसोलिनी का पूरा नाम क्या था?
(क) मुसोलिनी सांद्रियो (ख) अलेस्सा मुसोलिनी
(ग) बेनिटो मुसोलिनी (घ) मुसोलिनी बेनिटो

432. मुसोलिनी को किस 'वाद' का जनक माना जाता है?
(क) साम्यवाद (ख) समाजवाद
(ग) फासीवाद (घ) अधिनायकवाद

433. मुसोलिनी कहाँ का निरंकुश शासक था?
(क) इटली (ख) इराक
(ग) इथोपिया (घ) इंडोनेशिया

434. मुसोलिनी किस वर्ष शासक बना?

उत्तर के लिए कृपया पृष्ठ सं. 168 देखें।

(क) सन् 1920 (ख) सन् 1922

(ग) सन् 1924 (घ) सन् 1926

435. किस वर्ष मुसोलिनी को उसकी प्रेमिका के साथ गोली मार दी गई और फिर दोनों की कीचड़-सनी लाशों को काट-काटकर दफना दिया गया?

(क) सन् 1945 (ख) सन् 1946

(ग) सन् 1947 (घ) सन् 1948

436. दुर्दांत तानाशाह जोसेफ स्तालिन कहाँ का शासक था?

(क) रूस (ख) इंग्लैंड

(ग) दक्षिण अमेरिका (घ) साइप्रस

437. स्तालिन कब सत्ता में आया?

(क) सन् 1922 (ख) सन् 1923

(ग) सन् 1924 (घ) सन् 1925

438. स्तालिन के शासनकाल में रूस में उसके आदेशों-निर्देशों के कारण लगभग कितने लोग मारे गए?

(क) 50 लाख (ख) 1 करोड़

(ग) 1.50 करोड़ (घ) 2 करोड़

439. स्तालिन लकवाग्रस्त होने के बाद धीमी मौत मरा। यह कब हुआ?

(क) 2 मार्च, 1952 (ख) 2 मार्च, 1953

(ग) 2 मार्च, 1954 (घ) 2 मार्च, 1955

0. तानाशाहों की सूची में सर्वोच्च स्थान प्राप्त हिटलर की मृत्यु सन् 1945 में उसी महीने में हुई जिस महीने में सन् 1889 में उसका जन्म हुआ था। वह महीना कौन सा था?

(क) अप्रैल (ख) अगस्त

(ग) अक्तूबर (घ) दिसंबर

441. हिटलर का पूरा नाम क्या था?

(क) जोसेफ हिटलर (ख) एडॉल्फ हिटलर

(ग) इबर्ट हिटलर (घ) हिटलर कार्प्स

442. हिटलर तानाशाह तो जर्मनी का था, मगर वह कहाँ का मूल निवासी था?

(क) ऑस्ट्रेलिया (ख) अमेरिका

(ग) ऑस्ट्रिया (घ) अर्जेंटीना

उत्तर के लिए कृपया पृष्ठ सं. 168 देखें।

443. हिटलर अपनी युवावस्था में पाँच वर्षों तक किस क्षेत्र में कार्य करता रहा ?
(क) चित्रकला (ख) पत्रकारिता
(ग) अध्यापन (घ) वकालत

444. हिटलर लोकतांत्रिक ढंग से जर्मनी की सत्ता पर आसीन कब हुआ ?
(क) सन् 1930 (ख) सन् 1931
(ग) सन् 1932 (घ) सन् 1933

445. हिटलर किससे सख्त नफरत करता था ?
(क) यहूदी (ख) ईसाई
(ग) नीग्रो (घ) मुसलमान

446. हिटलर ने किस वर्ष स्तालिन से समझौता करके संपूर्ण विश्व को अपनी इस प्रबल आकांक्षा से अवगत करा दिया कि वह विश्वविजेता बनने का स्वप्न सँजोए हुए है ?
(क) सन् 1937 (ख) सन् 1938
(ग) सन् 1939 (घ) सन् 1940

447. हिटलर इनमें से किस देश पर अपना वर्चस्व स्थापित करने के लिए आँखें नहीं गड़ाए हुए था ?
(क) रूस (ख) पोलैंड
(ग) नेपाल (घ) यूक्रेन

448. हिटलर कितने वर्षों तक सत्ता में रहा ?
(क) 8 (ख) 10
(ग) 12 (घ) 14

449. सन् 1945 में हिटलर की मृत्यु कैसे हुई ?
(क) हत्या (ख) आत्महत्या
(ग) बीमारी (घ) दुर्घटना

450. ईदी अमीन किस देश का दुर्दांत तानाशाह था ?
(क) अंगोला (ख) युगांडा
(ग) अल्जीरिया (घ) अफगानिस्तान

451. अपनी तरुणावस्था में ईदी अमीन ने भारत के गुजरात प्रदेश से जाकर उसके देश में बसे एक करोड़पति व्यवसायी बंधु के गन्ना फार्म में मजदूर के रूप में काम किया था और बाद में सत्ता सँभालने पर उन्हें देश से

उत्तर के लिए कृपया पृष्ठ सं. 168 व 169 देखें।

निकाल दिया था। वह करोड़पति बंधु किस नाम से जाने जाते थे?

(क) मेहता बंधु (ख) शर्मा बंधु

(ग) श्रीवास्तव बंधु (घ) मल्होत्रा बंधु

452. नौ वर्षों तक हेवीवेट बॉक्सिंग चैंपियन बने रहे ईदी अमीन की लंबाई कितनी थी?

(क) 6 फीट 2 इंच (ख) 6 फीट 4 इंच

(ग) 6 फीट 6 इंच (घ) 6 फीट 8 इंच

453. लोगों को बहुत ही बर्बर तरीके से मरवाने (जैसे गरदन कटवाने के बाद सिर को फ्रीज में रख देने) वाले ईदी अमीन ने युगांडा में लगभग कितने लोगों की हत्या करवाई?

(क) 1 लाख (ख) 1.50 लाख

(ग) 2 लाख (घ) 2.50 लाख

454. 'कलियुग का राक्षस' कहलानेवाला ईदी अमीन इनमें से किसका मांस नहीं खाता था?

(क) बंदर (ख) आदमी

(ग) अजगर (घ) चीता

455. सन् 1974 में ईदी अमीन ने एक सार्वजनिक समारोह में अपनी कितनी पत्नियों को अकस्मात् तलाक दे दिया था?

(क) 1 (ख) 2

(ग) 3 (घ) 5

456. युगांडा के जिस प्रधानमंत्री मिल्टन ओबोटे का तख्तापलट ईदी अमीन ने सन् 1971 में कर दिया था, उसी ओबोटे ने कुछ साल बाद ईदी अमीन का तख्ता पलट दिया। यह किस वर्ष हुआ?

(क) सन् 1978 (ख) सन् 1979

(ग) सन् 1980 (घ) सन् 1981

457. खूँखार तानाशाह बोकासा का पूरा नाम क्या था?

(क) ज्याँ पॉल बोकासा (ख) ज्याँ बोकाला बेदेल

(ग) ज्याँ बेदेल बोकासा (घ) ज्याँ पॉल बेदेल बोकासा

458. बोकासा कहाँ का तानाशाह था?

(क) दक्षिणा अफ्रीका (ख) मध्य अफ्रीका

उत्तर के लिए कृपया पृष्ठ सं. 169 देखें।

(ग) युगांडा (घ) ऑस्ट्रिया

459. बोकासा ने किस वर्ष स्वयं को मध्य अफ्रीका का आजीवन राष्ट्रपति घोषित कर दिया?

(क) सन् 1970 (ख) सन् 1971

(ग) सन् 1972 (घ) सन् 1973

460. नरभक्षी तानाशाह बोकासा ने सन् 1976 में स्वयं को अपने देश का सम्राट् घोषित कर दिया। अपने राज्याभिषेक के लिए उसने कितने वजनवाले सोने का सिंहासन बनवाया था?

(क) 1 मन (ख) 1 क्विंटल

(ग) 1 टन (घ) 2 टन

461. बोकासा ने अपने राज्याभिषेक के लिए बनवाए गए मुकुट में 8 हजार हीरे तथा अनेक पन्ने जड़वाए थे। उसकी पोशाक में 7 लाख 86 हजार मोती तथा 12.25 लाख मनके लगे थे। उक्त पोशाक का वजन कितना था?

(क) 13 किलो (ख) 14 किलो

(ग) 15 किलो (घ) 16 किलो

□

उत्तर के लिए कृपया पृष्ठ सं. 169 देखें।

15

भ्रष्टाचार

462. वाटरगेट कांड में 'वाटरगेट' क्या था?

(क) तोप (ख) भवन

(ग) जहाज (घ) जलापूर्ति योजना

463. 'वाटरगेट कांड' में अमेरिका के कौन से राष्ट्रपति लिप्त थे?

(क) रिचर्ड निक्सन (ख) रोनाल्ड रीगन

(ग) जेराल्ड फोर्ड (घ) बिल क्लिंटन

464. 'वाटरगेट कांड' के अंतर्गत अमेरिकी राष्ट्रपति ने 'राष्ट्रपति के युद्ध-कोष' से कितनी राशि निकालकर अपने हितों की पूर्ति हेतु राजनीतिक जासूसी के प्रारंभिक ख़र्च के लिए दी थी?

(क) 5,30,000 डॉलर (ख) 3,50,000 डॉलर

(ग) 35,000 (घ) 3,05,000 डॉलर

465. अमेरिकी राष्ट्रपति निक्सन ने सन् 1977 में निजी अवकाश-गृहों तथा अपनी बेटियों के निवासों पर कितनी राशि खर्च की थी?

(क) 50 लाख डॉलर (ख) 75 लाख डॉलर

(ग) 1 करोड़ डॉलर (घ) 1.50 करोड़ डॉलर

466. रूसी राष्ट्रपति गोर्बाच्योव ने अपने देश के किस नेता पर आरोप लगाया कि उसने सोवियत संघ में भ्रष्टाचार को खुलेआम संरक्षण प्रदान किया?

(क) आंद्रोपोव (ख) ब्रेझनेव

(ग) पोदगोर्नी (घ) नसरीद्दीनोवा

उत्तर के लिए कृपया पृष्ठ सं. 169 देखें।

467. ब्रेझनेव के किस संबंधी (यूरी चर्बानोव) पर भ्रष्टाचार के कई बड़े आरोप सिद्ध हुए?

(क) भाई (ख) भतीजा

(ग) दामाद (घ) साला

468. 'लॉकहीड कांड' में भ्रष्टाचार में आकंठ डूबे रहने के कारण गिरफ्तार किए गए जापान के पूर्व प्रधानमंत्री का नाम क्या था?

(क) हिरो हियामा (ख) काकुई तनाका

(ग) ताकियो मिकी (घ) योशियो कोडामा

469. 'लॉकहीड कांड' में शामिल 'लॉकहीड एयरक्राफ्ट कॉरपोरेशन' किस देश का प्रतिष्ठान था?

(क) रूस (ख) अमेरिका

(ग) ब्रिटेन (घ) फ्रांस

470. सन् 1972 में हुए 'लॉकहीड कांड' में लिप्त जापानी प्रधानमंत्री को कितने वर्ष के कारावास की सजा दी गई?

(क) 3 (ख) 4

(ग) 5 (घ) 6

471. अपने भाई तथा अन्य संबंधियों द्वारा अनुचित तरीके से विपुल धनराशि अर्जित किए जाने के प्रायश्चित्तस्वरूप दो करोड़ तीस लाख डॉलर तथा अन्य अचल धन राष्ट्र को लौटा देनेवाला चून डू ह्वान किस देश का पूर्व राष्ट्रपति था?

(क) हंगरी (ख) लीबिया

(ग) दक्षिणी कोरिया (घ) चीन

472. भ्रष्टाचार से बुरी तरह से ग्रस्त किस देश में सन् 1980 में आए जबरदस्त भूकंप के पीड़ितों की राहत के लिए मंजूर किए गए बाईस अरब डॉलर के अधिकांश (लगभग आधा) को वहाँ के तत्कालीन प्रधानमंत्री सिरिआको दि मिता ने हड़प लिया था?

(क) वियतनाम (ख) जापान

(ग) श्रीलंका (घ) इटली

473. 'लॉकहीड कांड' में दुनिया के कितने देशों के राजनीतिज्ञों, शासकों तथा सरकारी अधिकारियों ने घूस की बड़ी रकम खाई थी?

उत्तर के लिए कृपया पृष्ठ सं. 169 देखें।

(क) 20 से अधिक (ख) 25 से अधिक
(ग) 30 से अधिक (घ) 35 से अधिक

474. अमेरिकी कंपनी 'लॉकहीड एयरक्राफ्ट कॉरपोरेशन' से पनडुब्बीबेधी विमान अपने देश के लिए खरीदने की दलाली के रूप में हॉलैंड के राजकुमार (सम्राज्ञी जूलियाना के पति) बर्नहार्ड ने कितनी राशि ली थी?
(क) 10 लाख डॉलर (ख) 11 लाख डॉलर
(ग) 12 लाख डॉलर (घ) 13 लाख डॉलर

475. हॉलैंड के राजकुमार बर्नहार्ड, जो अपने देश का शाही सेल्समैन था, ने सन् 1951 में अर्जेंटीना की सरकार (राष्ट्रपति) से रेलवे सामग्री के बीस करोड़ डॉलर के ऑर्डर की घूस के तौर पर राष्ट्रपति को एक करोड़ बीस लाख डॉलर, राष्ट्रपति की पत्नी को दस लाख डॉलर और दोनों को एक डीलक्स ट्रेन दी थी। अर्जेंटीना के उस राष्ट्रपति का नाम क्या था?
(क) जुआन डिमिन्गो पेरों (ख) फैरेल
(ग) राबर्तो रेपेटा (घ) एदुआर्दो लोनार्दी

476. एक देश के राष्ट्रपति अर्नेस्टो सैंपर ने सन् 1994 में अपने चुनाव अभियान के दौरान मादक औषधि व्यापारियों के अवैध संघ से लेकर साठ लाख डॉलर खर्च किए थे। वह किस देश के राष्ट्रपति थे?
(क) लीबिया (ख) जांबिया
(ग) कोलंबिया (घ) म्याँमार

477. ब्राजील के राष्ट्रपति फर्नांडो दो कॉल्लर ने अपने चुनाव अभियान में लाखों डॉलर अवैध ढंग से लिये थे। इस मामले में उन्हें किस वर्ष पद-त्याग करना पड़ा?
(क) सन् 1990 (ख) सन् 1991
(ग) सन् 1992 (घ) सन् 1993

478. वेनेजुएला के पूर्व राष्ट्रपति जैमे लुसिंची भी सार्वजनिक कोष से लाखों डॉलर डकार गए थे। भंडाफोड़ होने पर जनाक्रोश के भय से वे सन् 1991 में एक अन्य देश में भाग गए। वह देश कौन सा था?
(क) फीजी (ख) गुयाना
(ग) सूरीनाम (घ) कोस्टारिका

479. वेनेजुएला के ही एक राष्ट्रपति ने पद पर रहते हुए एक करोड़ सत्तर लाख

उत्तर के लिए कृपया पृष्ठ सं. 169 देखें।

डॉलर हड़प लिये। उनका नाम क्या है?

(क) कार्लोस आंद्रेज पेरेज (ख) आंद्रेज कार्लोस

(ग) पेरेज कार्लोस आंद्रेज (घ) कार्लोस पेरेज आंद्रेज

480. बीसवीं शताब्दी समाप्त होने के पाँच वर्ष पूर्व पंद्रह से अधिक लातीन अमेरिकी देशों ने एक भ्रष्टाचार-विरोधी संधि पर हस्ताक्षर किए, जो संपूर्ण विश्व में अपनी तरह का अनोखा उदाहरण है। उन देशों की वास्तविक संख्या कितनी थी?

(क) 16 (ख) 17

(ग) 20 (घ) 21

481. जापान में रिक्रूट घोटाले में हाथ दबोचे जाने के कारण प्रधानमंत्री नोबुरो ताकेशिता को पद-त्याग किस वर्ष करना पड़ा था?

(क) सन् 1969 (ख) सन् 1979

(ग) सन् 1989 (घ) सन् 1999

482. इटली के पूर्व प्रधानमंत्री बेटिनो क्रैक्सी को भूमिगत पथ-प्रणाली में घोटाला करने के कारण आठ साल की कैद की सजा दी गई, मगर जेल जाने के भय से सन् 1994 में वह दूसरे देश में भाग गया। वह देश कौन सा था?

(क) ट्यूनिशिया (ख) इथोपिया

(ग) इंडोनेशिया (घ) मलेशिया

483. स्वतंत्र भारत का प्रथम घोटाला कौन सा था?

(क) मारुति घोटाला (ख) जीप घोटाला

(ग) चारा घोटाला (घ) बोफोर्स घोटाला

484. नेहरूजी के प्रधानमंत्रित्व काल में हुए मूँदड़ा कांड को उन्हीं (नेहरूजी) के ही एक संबंधी ने जोर-शोर से उठाया था। उनका नाम क्या था?

(क) बी.के. नेहरू (ख) टी.एन. कौल

(ग) फीरोज गांधी (घ) विजयालक्ष्मी पंडित

485. सन् 1956 में हुए सिराजुद्दीन प्रकरण में नेहरू मंत्रिमंडल के कौन से मंत्री प्रत्यक्षत: शामिल थे?

(क) कृष्णमेनन (ख) रफी अहमद किदवई

(ग) केशव देव मालवीय (घ) के.एम. मुंशी

486. इनमें से कौन सा घोटाला पं. नेहरू के प्रधानमंत्रित्व काल में नहीं हुआ था?

उत्तर के लिए कृपया पृष्ठ सं. 169 देखें।

(क) मुद्गल प्रकरण (ख) धरमतेजा प्रकरण
(ग) कैरों प्रकरण (घ) नागरवाला प्रकरण

487. मारुति प्रकरण में नेहरू परिवार के किस सदस्य का नाम सीधे संलग्न था?
(क) राजीव गांधी (ख) सोनिया गांधी
(ग) संजय गांधी (घ) इंदिरा गांधी

488. सन् 1971 में हुए कैप्टन रुस्तम सोहराब नागरवाला कांड में कितने रुपए की हेरा-फेरी हुई थी?
(क) 60 हजार (ख) 60 लाख
(ग) 66 लाख (घ) 70 लाख

489. महाराष्ट्र के मुख्यमंत्री अब्दुल रहमान अंतुले द्वारा सन् 1980-81 में बनाए गए सात न्यासों में से एक इंदिरा गांधी प्रतिभा प्रतिष्ठान में कितने रुपए जमा थे?
(क) 5 लाख (ख) 55 लाख
(ग) 5 करोड़ (घ) 15 करोड़

490. राजीव गांधी के कार्यकाल में सन् 1987 में हुए बोफोर्स दलाली कांड में कितने करोड़ रुपए दलाली के रूप में लिये गए थे?
(क) 6 करोड़ (ख) 46 करोड़
(ग) 6 करोड़ 4 लाख (घ) 64 करोड़

491. स्वतंत्रता-संग्राम के दौरान (सन् 1945 में) देश का दौरा कर रहे एक नेता को जगह-जगह पर रुपए की थैलियाँ दी जा रही थीं। पटेल, नेहरू आदि के मना करने के बावजूद उन्होंने वे रुपए अपने पास रख लिये। उस नेता का नाम क्या था?
(क) कृष्णमेनन (ख) के. कामराज
(ग) राजगोपालाचारी (घ) टी. प्रकाशम

492. भ्रष्टाचार के आरोप में अदालत में आते रहनेवाले प्रधानमंत्री कौन थे?
(क) इंदिरा गांधी (ख) मोरारजी देसाई
(ग) चौधरी चरण सिंह (घ) पी.वी. नरसिंह राव

493. भ्रष्टाचार के इन मामलों में से किसमें नरसिंह राव जुड़े नहीं हैं?
(क) सांसद खरीद कांड (ख) लक्खू भाई प्रकरण

उत्तर के लिए कृपया पृष्ठ सं. 169 देखें।

(ग) कुओ तेल कांड (घ) यूरिया घोटाला

494. सन् 1982-83 में हुए मध्य प्रदेश के चुरहट लॉटरी कांड से किसका नाम जुड़ा था?

(क) विद्याचरण शुक्ल (ख) अर्जुन सिंह

(ग) मोतीलाल वोरा (घ) माधवराव सिंधिया

495. इनमें से कौन सा घोटाला लालू प्रसाद के मुख्यमंत्रित्व काल में बिहार में नहीं हुआ?

(क) चारा घोटाला (ख) शेयर घोटाला

(ग) भूमि घोटाला (घ) कोलतार घोटाला

496. तानसी जमीन घोटाला, सैफ खेल विज्ञापन घोटाला, कोयला आयात घोटाला, रंगीन टी.वी. खरीद घोटाला आदि में किसका नाम जोड़ा गया था?

(क) लालू प्रसाद (ख) पी.वी. नरसिंह राव

(ग) जयललिता (घ) शरद पवार

497. भाजपा के किस राष्ट्रीय अध्यक्ष को भ्रष्टाचार के कारण अपने पद से त्याग-पत्र देना पड़ा?

(क) मुरली मनोहर जोशी (ख) कुशाभाऊ ठाकरे

(ग) बंगारू लक्ष्मण (घ) जना कृष्णमूर्ति

□

उत्तर के लिए कृपया पृष्ठ सं. 169 देखें।

16

राष्ट्रपति

498. प्रथम राष्ट्रपति के चुनाव में डॉ. राजेंद्र प्रसाद किसे हराकर राष्ट्रपति निर्वाचित हुए थे?

(क) के.टी. शाह (ख) नरहरि विट्ठल गाडगिल

(ग) डॉ. सच्चिदानंद सिन्हा (घ) गणेश वासुदेव मावलंकर

499. इनमें से कौन राष्ट्रपति इस पद पर आसीन होने से पहले केंद्रीय मंत्रिमंडल के सदस्य नहीं रहे हैं?

(क) डॉ. राजेंद्र प्रसाद (ख) वी.वी. गिरि

(ग) नीलम संजीव रेड्डी (घ) डॉ. जाकिर हुसैन

500. कौन एकमात्र राष्ट्रपति निर्विरोध निर्वाचित हुए हैं?

(क) डॉ. सर्वपल्ली राधाकृष्णन (ख) डॉ. राजेंद्र प्रसाद

(ग) नीलम संजीव रेड्डी (घ) फखरुद्दीन अली अहमद

501. इनमें से कौन राजनेता कभी राष्ट्रपति पद के लिए चुनाव नहीं लड़े और निकटतम (पराजित) प्रतिद्वंद्वी नहीं रहे?

(क) एन.एन. दास (ख) बी.डी. जत्ती

(ग) कोटा सुब्बा राव (घ) त्रिदिव चौधरी

502. ऐसे कौन एकमात्र राष्ट्रपति हुए हैं, जो राष्ट्रपति के एक चुनाव में निकटतम उम्मीदवार रहे और पराजित हो गए, मगर एक अन्य चुनाव के बाद वे इस पद पर आसीन हुए?

(क) डॉ. जाकिर हुसैन (ख) नीलम संजीव रेड्डी

उत्तर के लिए कृपया पृष्ठ सं. 169 देखें।

(ग) डॉ. शंकर दयाल शर्मा (घ) के.आर. नारायणन

503. कौन राष्ट्रपति अपने दो-दो कार्यकाल पूरा कर चुके हैं ?
(क) डॉ. राजेंद्र प्रसाद (ख) डॉ. सर्वपल्ली राधाकृष्णन
(ग) डॉ. जाकिर हुसैन (घ) वी.वी. गिरि

504. ऐसे कौन एकमात्र राष्ट्रपति रहे हैं, जिन्होंने एक समय कार्यवाहक राष्ट्रपति के रूप में कार्य किया, मगर बाद में वे बाकायदा निर्वाचित होकर राष्ट्रपति बने ?
(क) डॉ. सर्वपल्ली राधाकृष्णन (ख) डॉ. जाकिर हुसैन
(ग) वी.वी. गिरि (घ) नीलम संजीव रेड्डी

505. किस राष्ट्रपति के निर्वाचन के समय 'आत्मा की आवाज पर' मतदान करने की अपील निर्वाचकों से की गई थी ?
(क) वी.वी. गिरि (ख) फखरुद्दीन अली अहमद
(ग) ज्ञानी जैल सिंह (घ) आर. वेंकटरमण

506. इनमें से कौन से राजनेता उपराष्ट्रपति का कार्यकाल पूरा करने के बाद राष्ट्रपति नहीं बने ?
(क) डॉ. जाकिर हुसैन (ख) डॉ. शंकर दयाल शर्मा
(ग) के. आर. नारायणन (घ) बी.डी. जत्ती

507. कौन ऐसे एकमात्र राष्ट्रपति रहे हैं, जो दस वर्षों तक उपराष्ट्रपति रहने के बाद राष्ट्रपति निर्वाचित हुए ?
(क) डॉ. सर्वपल्ली राधाकृष्णन (ख) डॉ. जाकिर हुसैन
(ग) डॉ. शंकर दयाल शर्मा (घ) के.आर. नारायणन

508. ऐसे कौन एकमात्र राष्ट्रपति रहे हैं, जिनके कार्यकाल में लगभग दो वर्षों तक कोई उपराष्ट्रपति रहा ही नहीं ?
(क) डॉ. राजेंद्र प्रसाद (ख) फखरुद्दीन अली अहमद
(ग) आर. वेंकटरमण (घ) डॉ. शंकर दयाल शर्मा

509. राष्ट्रपति इनमें से किसका एक अंग होता है ?
(क) लोकसभा (ख) राज्यसभा
(ग) सर्वोच्च न्यायालय (घ) संसद्

510. पचास वर्षों में राष्ट्रपति पद पर आसीन रहने की ही अवधि में दिवंगत हुए महानुभावों की संख्या कितनी रही है ?

उत्तर के लिए कृपया पृष्ठ सं. 169 देखें।

(क) 2 (ख) 3

(ग) 4 (घ) 5

511. इनमें से कौन से राष्ट्रपति इस पद पर आसीन होने से पहले किसी प्रदेश के मुख्यमंत्री अथवा राज्यपाल नहीं रहे हैं?

(क) नीलम संजीव रेड्डी (ख) ज्ञानी जैल सिंह

(ग) डॉ. शंकर दयाल शर्मा (घ) आर. वेंकटरमण

512. किसी प्रदेश का राज्यपाल या मुख्यमंत्री रहने के बाद राष्ट्रपति बननेवाले प्रथम व्यक्ति कौन थे?

(क) वी.वी. गिरि (ख) नीलम संजीव रेड्डी

(ग) ज्ञानी जैल सिंह (घ) डॉ. शंकर दयाल शर्मा

513. किसी देश में राजदूत के रूप में अपनी सेवा अर्पित कर चुके राष्ट्रगति कौन हैं?

(क) आर. वेंकटरमण (ख) डॉ. जाकिर हुसैन

(ग) के.आर. नारायणन (घ) फखरुद्दीन अली अहमद

514. देश के प्रथम राष्ट्रपति डॉ. राजेंद्र प्रसाद को किसने शपथ दिलाई थी?

(क) लॉर्ड माउंटबेटन (ख) चक्रवर्ती राजगोपालाचारी

(ग) हरिलाल जे. कानिया (घ) भीमराव अंबेडकर

515. सन् 2002 में हुए राष्ट्रपति चुनाव के समय किस वर्ष की मतगणना को मतदान का आधार माना गया?

(क) सन् 1971 (ख) सन् 1981

(ग) सन् 1991 (घ) सन् 2001

516. इनमें से किस राष्ट्रपति का अंतिम संस्कार संसद् भवन के मुख्य फाटक के समीप किया गया है?

(क) डॉ. राजेंद्र प्रसाद (ख) डॉ. सर्वपल्ली राधाकृष्णन

(ग) डॉ. जाकिर हुसैन (घ) फखरुद्दीन अली अहमद

517. किस राष्ट्रपति ने सबसे अधिक प्रधानमंत्रियों (कार्यवाहक सहित) को शपथ ग्रहण करवाई है?

(क) डॉ. सर्वपल्ली राधाकृष्णन (ख) आर. वेकटरमण

(ग) नीलम संजीव रेड्डी (घ) डॉ. शंकर दयाल शर्मा

518. किस एकमात्र कार्यवाहक राष्ट्रपति ने एक प्रधानमंत्री को शपथ ग्रहण

उत्तर के लिए कृपया पृष्ठ सं. 169 व 170 देखें।

करवाई है ?

(क) वी.वी. गिरि (ख) बी.डी. जत्ती

(ग) मो. हिदायतुल्ला (घ) किसी ने नहीं

519. किस राष्ट्रपति का कार्यकाल सबसे बड़ा रहा है ?

(क) डॉ. राजेंद्र प्रसाद (ख) डॉ. सर्वपल्ली राधाकृष्णन

(ग) वी.वी. गिरि (घ) डॉ. जाकिर हुसैन

520. किस राष्ट्रपति की पत्नी मूलतः विदेशी रही हैं ?

(क) नीलम संजीव रेड्डी (ख) फखरुद्दीन अली अहमद

(ग) के.आर. नारायणन (घ) अब्दुल कलाम

521. किस राष्ट्रपति ने एक ही प्रधानमंत्री को उक्त पद के लिए तीन-तीन बार पद और गोपनीयता की शपथ दिलवाई है ?

(क) डॉ. राजेंद्र प्रसाद (ख) डॉ. जाकिर हुसैन

(ग) डॉ. शंकर दयाल शर्मा (घ) के.आर. नारायणन

522. यदि कभी वैसी स्थिति आ गई तो राष्ट्रपति अपना त्याग-पत्र किसे सौंपेंगे ?

(क) स.न्या. के मुख्य न्यायाधीश को (ख) प्रधानमंत्री को

(ग) उपराष्ट्रपति को (घ) मुख्य निर्वाचन आयुक्त को

□

उत्तर के लिए कृपया पृष्ठ सं. 170 देखें।

17

प्रधानमंत्री

523. भारत के प्रधानमंत्री को किसका विश्वास प्राप्त होना चाहिए ?

(क) राज्यसभा (ख) लोकसभा

(ग) संसद् (घ) राष्ट्रपति

524. प्रधानमंत्री को शपथ ग्रहण कौन कराता है ?

(क) राष्ट्रपति (ख) स.न्या. के मु.न्यायाधीश

(ग) उपराष्ट्रपति (घ) लोकसभाध्यक्ष

525. किस प्रधानमंत्री का कार्यकाल सबसे लंबा रहा है ?

(क) इंदिरा गांधी (ख) जवाहरलाल नेहरू

(ग) राजीव गांधी (घ) पी.वी. नरसिंह राव

526. किस प्रधानमंत्री का कार्यकाल 325 से 345 दिनों के बीच में नहीं रहा है ?

(क) ह.डो. देवगौड़ा (ख) इंदर कुमार गुजराल

(ग) विश्वनाथ प्रताप सिंह (घ) चौधरी चरण सिंह

527. स्वतंत्र भारत के प्रथम प्रधानमंत्री के रूप में जवाहरलाल नेहरू से पहले किसके नाम पर लगभग सर्वसम्मति बन गई थी ?

(क) डॉ. राजेंद्र प्रसाद (ख) सरदार वल्लभभाई पटेल

(ग) गोविंद बल्लभ पंत (घ) गणेश वासुदेव मावलंकर

528. पचास वर्षों में कितने प्रधानमंत्रियों की मृत्यु उनके कार्यकाल में ही हुई है ?

(क) 2 (ख) 3

उत्तर के लिए कृपया पृष्ठ सं. 170 देखें।

(ग) 4 (घ) 5

529. सबसे अधिक उम्र में प्रधानमंत्री बननेवाले राजनेता कौन हैं ?
(क) जवाहरलाल नेहरू (ख) चौधरी चरण सिंह
(ग) मोरारजी देसाई (घ) पी.वी. नरसिंह राव

530. सबसे कम उम्र में प्रधानमंत्री कौन बना था ?
(क) राजीव गांधी (ख) इंदिरा गांधी
(ग) चंद्रशेखर (घ) विश्वनाथ प्रताप सिंह

531. जवाहरलाल नेहरू का प्रधानमंत्रित्वकाल उनकी पुत्री इंदिरा गांधी के प्रधानमंत्रित्वकाल से कितना अधिक रहा है ?
(क) सवा गुना (ख) डेढ़ गुना
(ग) दो गुना (घ) ढाई गुना

532. किस प्रधानमंत्री का 'किचन कैबिनेट' अधिक चर्चित रहा है ?
(क) जवाहरलाल नेहरू (ख) लाल बहादुर शास्त्री
(ग) इंदिरा गांधी (घ) मोरारजी देसाई

533. लोकसभा में विश्वास मतदान के दौरान किस प्रधानमंत्री के नेतृत्ववाली सरकार मात्र एक मत से गिर गई थी ?
(क) मोरारजी देसाई (ख) चौधरी चरण सिंह
(ग) विश्वनाथ प्रताप सिंह (घ) अटल बिहारी वाजपेयी

534. किस प्रधानमंत्री ने सबसे अधिक बार लोकसभा का चुनाव लड़ा है ?
(क) मोरारजी देसाई (ख) अटल बिहारी वाजपेयी
(ग) चौधरी चरण सिंह (घ) पी.वी. नरसिंह राव

535. किस प्रधानमंत्री ने इस पद पर रहते हुए एक मिनट के लिए भी संसद् का सामना नहीं किया है ?
(क) चौधरी चरण सिंह (ख) ह.डो. देवगौड़ा
(ग) इंदर कुमार गुजराल (घ) चंद्रशेखर

536. कौन सा अक्षर भारत के सभी प्रधानमंत्रियों के नामों में अवश्य रहा है ?
(क) ई (ख) र
(ग) स (घ) च

537. कौन प्रधानमंत्री अतीत में किसी प्रदेश के मुख्यमंत्री नहीं रहे हैं ?
(क) विश्वनाथ प्रताप सिंह (ख) चौधरी चरण सिंह

उत्तर के लिए कृपया पृष्ठ सं. 170 देखें।

(ग) पी.वी. नरसिंह राव (घ) चंद्रशेखर

538. इनमें से कौन प्रधानमंत्री अतीत में किसी प्रदेश के मुख्यमंत्री रहे हैं?

(क) मोरारजी देसाई (ख) लाल बहादुर शास्त्री

(ग) अटल बिहारी वाजपेयी (घ) इंदर कुमार गुजराल

539. इनमें से कौन प्रधानमंत्री कभी अपने दल के अध्यक्ष नहीं रहे?

(क) जवाहरलाल नेहरू (ख) इंदिरा गांधी

(ग) चंद्रशेखर (घ) इंदर कुमार गुजराल

540. किस एकमात्र प्रधानमंत्री के नाम के साथ 'राजा' शब्द लगाया जाता रहा है?

(क) जवाहरलाल नेहरू (ख) राजीव गांधी

(ग) विश्वनाथ प्रताप सिंह (घ) इंदर कुमार गुजराल

541. सबसे अधिक लोकसभा-सदस्यों का बहुमत पाकर प्रधानमंत्री कौन बना है?

(क) जवाहरलाल नेहरू (ख) इंदिरा गांधी

(ग) राजीव गांधी (घ) मोरारजी देसाई

542. नेहरू परिवार ने देश पर कितने वर्षों तक शासन किया है?

(क) 37 वर्ष 10 माह (ख) 38 वर्ष 10 माह

(ग) 40 वर्ष 10 माह (घ) 42 वर्ष 10 माह

543. कांग्रेसी प्रधानमंत्रियों ने देश पर कुल कितने वर्षों तक शासन किया है?

(क) 45 वर्ष (ख) 46 वर्ष

(ग) 47 वर्ष छह माह (घ) 44 वर्ष पाँच माह

544. किस प्रधानमंत्री का जन्म एक ऐसी तिथि को हुआ है, जो चार वर्षों पर आती है?

(क) चौधरी चरण सिंह (ख) मोरारजी देसाई

(ग) चंद्रशेखर (घ) पी.वी. नरसिंह राव

545. इनमें से कौन इंदिरा गांधी के सहयोग से प्रधानमंत्री बने थे?

(क) चौधरी चरण सिंह (ख) चंद्रशेखर

(ग) गुलजारी लाल नंदा (घ) मोरारजी देसाई

546. पचास वर्षों में वैसे एकमात्र प्रधानमंत्री कौन से हैं, जो कभी कांग्रेस में रहे ही नहीं?

उत्तर के लिए कृपया पृष्ठ सं. 170 देखें।

(क) मोरारजी देसाई (ख) चौधरी चरण सिंह
(ग) अटल बिहारी वाजपेयी (घ) इंदर कुमार गुजराल

547. कौन प्रधानमंत्री अतीत में किसी देश में राजदूत रह चुके हैं ?
(क) पी.वी. नरसिंह राव (ख) लाल बहादुर शास्त्री
(ग) इंदर कुमार गुजराल (घ) विश्वनाथ प्रताप सिंह

548. कौन प्रधानमंत्री पहले किसी केंद्रीय मंत्रिमंडल के सदस्य रह चुके हैं ?
(क) राजीव गांधी (ख) चंद्रशेखर
(ग) ह.डो. देवगौड़ा (घ) अटल बिहारी वाजपेयी

549. कौन प्रधानमंत्री कभी 'युवा तुर्क नेता' के रूप में प्रसिद्ध रहे हैं ?
(क) राजीव गांधी (ख) चंद्रशेखर
(ग) विश्वनाथ प्रताप सिंह (घ) जवाहरलाल नेहरू

550. किस एकमात्र प्रधानमंत्री के कार्यकाल के ठीक पहले और ठीक बाद में कोई कार्यवाहक प्रधानमंत्री रहा है ?
(क) इंदिरा गांधी (ख) मोरारजी देसाई
(ग) लाल बहादुर शास्त्री (घ) राजीव गांधी

551. किस प्रधानमंत्री के बचपन का नाम 'नन्हे' रहा है ?
(क) जवाहरलाल नेहरू (ख) लाल बहादुर शास्त्री
(ग) राजीव गांधी (घ) अटल बिहारी वाजपेयी

552. पाँच वर्षों के अंदर तीन-तीन बार प्रधानमंत्री पद की शपथ लेनेवाले एकमात्र नेता कौन हैं ?
(क) जवाहरलाल नेहरू (ख) इंदिरा गांधी
(ग) अटल बिहारी वाजपेयी (घ) राजीव गांधी

553. किस प्रधानमंत्री के कार्यकाल में कोई उपप्रधानमंत्री नहीं रहा है ?
(क) जवाहरलाल नेहरू (ख) मोरारजी देसाई
(ग) विश्वनाथ प्रताप सिंह (घ) पी.वी. नरसिंह राव

554. किस एकमात्र प्रधानमंत्री के कार्यकाल में दो-दो उपप्रधानमंत्री थे ?
(क) चंद्रशेखर (ख) विश्वनाथ प्रताप सिंह
(ग) मोरारजी देसाई (घ) जवाहरलाल नेहरू

555. इनमें से ऐसे कौन एकमात्र राजनेता हैं, जो अतीत में उपप्रधानमंत्री और बाद में प्रधानमंत्री बने ?

उत्तर के लिए कृपया पृष्ठ सं. 170 देखें।

(क) मोरारजी देसाई (ख) इंदिरा गांधी
(ग) देवीलाल (घ) चौधरी चरण सिंह

556. एक प्रदेश और देश—दोनों की राजधानियों से लोकसभा चुनाव लड़ चुके एकमात्र प्रधानमंत्री कौन हैं ?
(क) जवाहरलाल नेहरू (ख) लाल बहादुर शास्त्री
(ग) इंदिरा गांधी (घ) अटल बिहारी वाजपेयी

557. कौन प्रधानमंत्री महात्मा गांधी से ठीक पैंतीस साल छोटे थे ?
(क) जवाहरलाल नेहरू (ख) लाल बहादुर शास्त्री
(ग) मोरारजी देसाई (घ) चौधरी चरण सिंह

558. राज्यसभा का चुनाव जीतकर अपना पद कायम रखनेवाले एकमात्र प्रधानमंत्री कौन रहे हैं ?
(क) मोरारजी देसाई (ख) पी.वी. नरसिंह राव
(ग) इंदर कुमार गुजराल (घ) ह.डो.देवगौड़ा

559. एम.ओ. मथाई किस प्रधानमंत्री के विवादास्पद सचिव थे ?
(क) जवाहरलाल नेहरू (ख) इंदिरा गांधी
(ग) राजीव गांधी (घ) पी.वी. नरसिंह राव

560. किस प्रधानमंत्री के शासन के विरोध में राष्ट्रव्यापी जनांदोलन हुआ था ?
(क) लाल बहादुर शास्त्री (ख) इंदिरा गांधी
(ग) राजीव गांधी (घ) इंदर कुमार गुजराल

561. किस प्रदेश ने सबसे अधिक प्रधानमंत्री दिए हैं ?
(क) गुजरात (ख) कर्नाटक
(ग) बिहार (घ) उत्तर प्रदेश

562. स्वतंत्रता से पूर्व अंतरिम सरकार बनाने के लिए पं. नेहरू कब आमंत्रित किए गए थे ?
(क) 12 अगस्त, 1946 (ख) 15 अगस्त, 1946
(ग) 12 अगस्त, 1947 (घ) 15 अगस्त, 1947

563. संसद् का सदस्य रहे बिना कोई व्यक्ति कितने दिनों तक प्रधानमंत्री बना रह सकता है ?
(क) लोकसभा के अगले अधिवेशन तक (ख) 6 माह तक
(ग) 1 वर्ष तक (घ) 2 वर्ष तक

उत्तर के लिए कृपया पृष्ठ सं. 170 देखें।

564. इनमें से कौन सा स्थान किसी प्रधानमंत्री की समाधि नहीं है?

(क) विजय घाट (ख) शक्ति स्थल

(ग) वीरभूमि (घ) समता स्थल

565. भारत में प्रधानमंत्री बनने की न्यूनतम उम्र कितनी है?

(क) 25 वर्ष (ख) 30 वर्ष

(ग) 35 वर्ष (घ) अनिर्णीत

566. अभी तक सिर्फ एक ही नेता ने वर्ष के अंतिम दिन (31 दिसंबर को) प्रधानमंत्री पद की शपथ ली है। वे कौन थे?

(क) इंदिरा गांधी (ख) राजीव गांधी

(ग) विश्वनाथ प्रताप सिंह (घ) इंदर कुमार गुजराल

567. इनमें से किस प्रधानमंत्री का निधन पद पर रहते हुए नहीं हुआ है?

(क) जवाहरलाल नेहरू (ख) लाल बहादुर शास्त्री

(ग) इंदिरा गांधी (घ) चौधरी चरण सिंह

568. इनमें से कौन राजनेता कभी उपप्रधानमंत्री नहीं रहे?

(क) यशवंत राव चह्वाण (ख) देवीलाल

(ग) चौधरी चरण सिंह (घ) कमलापति त्रिपाठी

569. स्वतंत्र भारत के पचास वर्षों में कार्यवाहक प्रधानमंत्री कितनी बार रहे?

(क) 1 (ख) 2

(ग) 3 (घ) 4

570. इनमें से किसने कार्यवाहक प्रधानमंत्री के रूप में काम किया है?

(क) विट्ठलभाई पटेल (ख) गुलजारी लाल नंदा

(ग) जगजीवन राम (घ) राजीव गांधी

□

उत्तर के लिए कृपया पृष्ठ सं. 170 देखें।

18

राज्यपाल

571. राज्यपाल के अंग्रेजी शब्द 'गवर्नर' का मूल शब्द 'गवर्न' अन्य किस भाषा में इसी अर्थ में प्रयुक्त नहीं होता है ?

(क) डच (ख) फ्रेंच

(ग) जर्मन (घ) रूसी

572. भारतीय परिदृश्य में 'गवर्नर' शब्द का प्रयोग अठारहवीं शताब्दी के मध्य में अंग्रेजों द्वारा किस तत्कालीन प्रदेश पर विजय प्राप्त करने के तुरत बाद शुरू हुआ ?

(क) बंगाल (ख) मद्रास

(ग) बंबई (घ) हैदराबाद

573. संविधान के अनुसार, राज्यपाल केंद्र का किस प्रकार का प्रतिनिधि है ?

(क) कार्यपालक (ख) संवैधानिक

(ग) दलीय (घ) जातीय

574. मार्च 1967 में राजस्थान के तत्कालीन राज्यपाल ने प्रदेश के कांग्रेस नेता मोहनलाल सुखाड़िया को सरकार बनाने के लिए आमंत्रित किया, मगर सुखाड़िया द्वारा असमर्थता जताने पर राज्यपाल ने विपक्ष को मौका दिए बिना वहाँ राष्ट्रपति शासन लगाने की सिफारिश कर दी। उक्त राज्यपाल का नाम क्या था ?

(क) सरदार गुरुमुख सिंह निहाल (ख) सरदार हुकम सिंह

(ग) रघुकुल तिलक (घ) डॉ. संपूर्णानंद

उत्तर के लिए कृपया पृष्ठ सं. 170 देखें।

575. संविधान की किस धारा में यह व्यवस्था है कि राज्यपाल यदि स्वविवेक से अपने अधिकार-क्षेत्र का कोई कार्य करता है तो उसपर सवाल नहीं उठाया जा सकता?

(क) धारा 161 (11) (ख) धारा 162 (11)

(ग) धारा 163 (11) (घ) धारा 164 (11)

576. सन् 1982 में हरियाणा में वहाँ के राज्यपाल जी.डी. तपासे ने वहाँ एक नेता को सरकार बनाने के लिए बुलाया, लेकिन उसके आने के पहले ही भजनलाल की सरकार बनवा दी। जिनकी सरकार नहीं बनी, वे कौन थे?

(क) देवीलाल (ख) बंसीलाल

(ग) राव वीरेंद्र सिंह (घ) सूरजभान

577. सिक्किम के राज्यपाल एच. तलयार खान ने किस वर्ष बिना कोई कारण बताए वहाँ की नरबहादुर भंडारी सरकार बरखास्त कर दी और उन्हीं के मंत्रिमंडल के एक सदस्य बी.बी. गुरंग की सरकार बनवा दी?

(क) सन् 1981 (ख) सन् 1982

(ग) सन् 1983 (घ) सन् 1984

578. सन् 1993 में नरसिंह राव सरकार में गृहमंत्री पद पर आसीन शंकर राव चह्वाण ने तमिलनाडु की तत्कालीन मुख्यमंत्री जयललिता से पूछे या सलाह लिये बिना जिस राजनेता को राज्यपाल बना दिया (और उसके बाद जयललिता को फोन से इसकी सूचना दे दी), उनका नाम क्या है?

(क) भीष्म नारायण सिंह (ख) फातिमा बीबी

(ग) एम. चेन्ना रेड्डी (घ) बलिराम भगत

579. देवकांत बरुआ कांग्रेस अध्यक्ष बनने के पहले किस प्रदेश के राज्यपाल थे?

(क) बिहार (ख) उत्तर प्रदेश

(ग) असम (घ) कर्नाटक

580. उत्तर प्रदेश के किस राज्यपाल ने वहाँ के तत्कालीन मुख्यमंत्री मुलायम सिंह यादव को विधानसभा में बहुमत सिद्ध करने का अवसर दिए बिना उनकी सरकार बरखास्त कर दी थी?

(क) रोमेश भंडारी (ख) बी. सत्यनारायण रेड्डी

उत्तर के लिए कृपया पृष्ठ सं. 170 देखें।

(ग) मोतीलाल वोरा (घ) सूरजभान

581. यदि राज्यपाल को मंत्रिमंडल द्वारा बहुमत का विश्वास खो देने का उचित साक्ष्य मिले तो उन्हें मुख्यमंत्री को न्यूनतम समय में विधानसभा में विश्वास मत पाने के लिए कहना चाहिए—यह अनुशंसा करनेवाले चर्चित सरकारिया आयोग के अध्यक्ष का नाम क्या था ?

(क) सिमरनजीत सिंह सरकारिया (ख) बलजीत सरकारिया
(ग) परमजीत सिंह सरकारिया (घ) रणजीत सिंह सरकारिया

582. स्वतंत्र भारत के इतिहास में यह अपनी तरह की एकमात्र घटना है कि सन् 1966 में शास्त्रीजी के निधन के बाद कांग्रेस संसदीय दल का नेता (प्रधानमंत्री) बनाने के लिए इंदिरा गांधी के पक्ष में माहौल बनाने हेतु एक राज्यपाल (अजित प्रसाद जैन) ने अपने पद से त्याग-पत्र दे दिया था। उन दिनों वह किस प्रदेश के राज्यपाल थे ?

(क) उत्तर प्रदेश (ख) बिहार
(ग) केरल (घ) उड़ीसा

583. सन् 1993 में तत्कालीन मुख्य निर्वाचन आयुक्त टी.एन. शेषन ने मध्य प्रदेश विधानसभा चुनाव में अपने बेटे के चुनाव-प्रचार में पद का दुरुपयोग करनेवाले किस राज्यपाल को उनके पद से हटवाकर एक मिसाल स्थापित की थी ?

(क) गुलशेर अहमद (ख) ए.आर. किदवई
(ग) मो. शफी कुरेशी (घ) कुँअर महमूद अली खान

584. सन् 1959 में राष्ट्रपति ने आंध्र प्रदेश के किस राज्यपाल (जो बाद में राष्ट्रपति भी बने) को इस बात के लिए चेताया था कि लंबी अवधि तक राजभवन से अनुपस्थित न रहा करें ?

(क) डॉ. जाकिर हुसैन (ख) वी.वी. गिरि
(ग) डॉ. शंकर दयाल शर्मा (घ) नीलम संजीव रेड्डी

585. संविधान लागू होने के तुरत बाद एकीकृत पंजाब (पेप्सू) के तत्कालीन राज्यपाल राजनीति में रुचि लेने लगे थे, जिसपर विपक्ष ने काफी हंगामा किया था। उक्त राज्यपाल का नाम क्या था ?

(क) एन.वी. गाडगिल (ख) वी.एन. गाडगिल
(ग) के. गाडगिल (घ) डॉ. संपूर्णानंद

उत्तर के लिए कृपया पृष्ठ सं. 170 देखें।

586. सन् 1984 में बहुमत के बावजूद आंध्र प्रदेश के तत्कालीन मुख्यमंत्री एन.टी. रामाराव को पदच्युत करनेवाले और फिर दिल्ली में अपने समर्थक विधायकों की परेड रामाराव द्वारा करवाने के बाद अपनी किरकिरी करवानेवाले राज्यपाल का नाम क्या था?

(क) राम लाल (ख) श्याम लाल

(ग) राम सिंह (घ) श्रीराम लाल

587. सन् 1998 में उत्तर प्रदेश में जगदंबिका पाल को कुछ घंटे के लिए मुख्यमंत्री बनाने की 'मेहरबानी' करनेवाले राज्यपाल कौन थे?

(क) बी. सत्यनारायण रेड्डी (ख) सूरजभान

(ग) रोमेश भंडारी (घ) विष्णुकांत शास्त्री

588. सन् 1997 में गुजरात के मुख्यमंत्री शंकर सिंह वाघेला का पक्षपात करने का आरोप वहाँ के जिस राज्यपाल पर लगाया गया था, उनका नाम क्या था?

(क) कृष्णकांत (ख) कृष्णपाल सिंह

(ग) गोविंद नारायण सिंह (घ) सी.पी.एन. सिंह

589. ग्यारहवें राष्ट्रपति के चुनाव के पूर्व किस राज्यपाल का नाम राष्ट्रपति पद के प्रत्याशी के रूप में काफी चर्चित हुआ था?

(क) सुंदर सिंह भंडारी (ख) ले.ज.एस.के. सिन्हा

(ग) पी.सी. एलेक्जेंडर (घ) फातिमा बीबी

590. देश की प्रथम महिला राज्यपाल कौन थीं?

(क) सरोजिनी नायडू (ख) सुचेता कृपलानी

(ग) तारकेश्वरी सिन्हा (घ) विजयालक्ष्मी पंडित

591. इनमें से कौन सी महिला कभी किसी प्रदेश की राज्यपाल नहीं रहीं?

(क) सरोजिनी नायडू (ख) सरला ग्रेवाल

(ग) सुषमा स्वराज (घ) फातिमा बीबी

592. किस प्रदेश की वामपंथी सरकार ने अपने राज्यपाल रोमेश भंडारी के निवास (राजभवन) के बिजली-पानी की आपूर्ति कटवा दी थी?

(क) प. बंगाल (ख) त्रिपुरा

(ग) केरल (घ) पांडिचेरी

593. चक्रवर्ती राजगोपालाचारी इनमें से किस प्रदेश के प्रथम राज्यपाल थे?

(क) पंजाब (ख) बिहार

(ग) प. बंगाल (घ) उत्तर प्रदेश □

उत्तर के लिए कृपया पृष्ठ सं. 171 देखें।

19

मुख्यमंत्री

594. भारत में इनमें से कौन सबसे अधिक समय (तेईस वर्षों) तक अपने प्रदेश के मुख्यमंत्री पद पर लगातार बने रहे?

(क) श्रीकृष्ण सिंह (ख) ज्योति बसु
(ग) लालू प्रसाद (घ) शेख अब्दुल्ला

595. इनमें से कौन नेता देश में सबसे कम समय (मात्र कुछ घंटों के लिए) अपने प्रदेश के मुख्यमंत्री रहे?

(क) नीतीश कुमार (ख) जगदंबिका पाल
(ग) राजा नरेश चंद्र सिंह (घ) हीरालाल देवपुरा

596. इनमें कौन से नेता ऐसे नहीं हैं, जो स्वयं तो अपने प्रदेश के मुख्यमंत्री रहे ही, उनके पुत्र भी वहाँ उसी पद पर रहे?

(क) बीजू पटनायक (ख) देवीलाल
(ग) शेख अब्दुल्ला (घ) शिवचरण माथुर

597. इनमें से कौन अपने प्रदेश के प्रथम मुख्यमंत्री नहीं थे?

(क) पं. रविशंकर शुक्ल (ख) गोविंद बल्लभ पंत
(ग) कैलाश नाथ काटजू (घ) श्रीकृष्ण सिंह

598. इनमें से कौन महिला किसी प्रदेश की मुख्यमंत्री नहीं रहीं?

(क) सुचेता कृपलानी (ख) तारकेश्वरी सिन्हा
(ग) नंदिनी सत्पथी (घ) सुषमा स्वराज

599. बिहार के कौन से मुख्यमंत्री सिख थे?

उत्तर के लिए कृपया पृष्ठ सं. 171 देखें।

(क) दीपनारायण सिंह (ख) सरदार हरिहर सिंह
(ग) श्रीकृष्ण सिंह (घ) कोई नहीं

600. इनमें से किस मुख्यमंत्री ने आधी रात में शपथ ली थी?
(क) वीरेंद्र कुमार सखलेचा (ख) मायावती
(ग) राबड़ी देवी (घ) जयललिता

601. 'ऑपरेशन ब्लू स्टार' के समय पंजाब के मुख्यमंत्री कौन थे?
(क) दरबारा सिंह (ख) प्रकाश सिंह बादल
(ग) सुरजीत सिंह बरनाला (घ) राष्ट्रपति शासन था

602. बिहार के कौन से मुख्यमंत्री इस कदर सादगीपसंद थे कि जब वे मुख्यमंत्री थे, तब भी उनके पिता अपने गाँव में नाई का खानदानी काम ही करते थे?
(क) बिंदेश्वरी प्रसाद मंडल (ख) रामसुंदर दास
(ग) कर्पूरी ठाकुर (घ) भोला पासवान शास्त्री

603. बिहार के कौन से मुख्यमंत्री अपनी सख्त प्रशासनिक छवि के कारण 'धोती-कुरता में आई.ए.एस.' कहे जाते थे?
(क) सतीश प्रसाद सिंह (ख) दीपनारायण सिंह
(ग) सत्येंद्र नारायण सिंह (घ) चंद्रशेखर सिंह

604. बिहार के कौन से मुख्यमंत्री अपने संबोधन 'मेरे जिगर के टुकड़ो' के कारण युवा वर्ग को काफी प्रिय थे?
(क) कृष्णवल्लभ सहाय (ख) महामाया प्रसाद सिन्हा
(ग) बिंदेश्वरी दुबे (घ) लालू प्रसाद

605. इनमें से कौन कभी पंजाब के मुख्यमंत्री नहीं रहे?
(क) गोपीचंद भार्गव (ख) गुरनाम सिंह
(ग) के.पी.एस. गिल (घ) ज्ञानी जैल सिंह

606. राजीव गांधी की हत्या के समय तमिलनाडु का मुख्यमंत्री कौन था?
(क) एम.जी. रामचंद्रन (ख) जयललिता
(ग) एम. करुणानिधि (घ) राष्ट्रपति शासन था

607. इनमें से कौन से मुख्यमंत्री अपने ही प्रदेश के मुख्यमंत्री रहे एक नेता के दामाद हैं?
(क) चंद्रबाबू नायडू (ख) प्रफुल्ल कुमार महंत
(ग) लालू प्रसाद (घ) अजित जोगी

उत्तर के लिए कृपया पृष्ठ सं. 171 देखें।

608. लक्ष्मी पार्वती इनमें से किस मुख्यमंत्री की दूसरी पत्नी हैं ?
(क) देवराज अर्स (ख) एन.टी. रामाराव
(ग) पी.वी. नरसिंह राव (घ) शंकर सिंह वाघेला

609. आंध्र प्रदेश के मुख्यमंत्री रहे एन.टी. रामाराव का पूरा नाम क्या था ?
(क) निल्लै टिल्लै रामाराव (ख) नंदम् त्रिभुवन रामाराव
(ग) नंदमुरि तारक रामाराव (घ) नभम् तारकम् रामाराव

610. इनमें से कौन नेता दो या इससे अधिक बार उत्तर प्रदेश के मुख्यमंत्री नहीं बने ?
(क) डॉ. संपूर्णानंद (ख) चौधरी चरण सिंह
(ग) चंद्रभानु गुप्त (घ) नारायण दत्त तिवारी

611. स्वतंत्र भारत में वह ऐसे कौन एकमात्र राजनेता हैं, जो दो-दो प्रदेशों के मुख्यमंत्री बने ?
(क) हेमवती नंदन बहुगुणा (ख) अजित जोगी
(ग) मोरारजी देसाई (घ) नारायण दत्त तिवारी

612. इनमें से कौन नेता दो या इससे अधिक बार राजस्थान के मुख्यमंत्री रहे हैं ?
(क) टीकाराम पालीवाल (ख) हरिदेव जोशी
(ग) मोहनलाल सुखाड़िया (घ) जयनारायण व्यास

613. इनमें से कौन कभी प. बंगाल के मुख्यमंत्री नहीं रहे ?
(क) अजय मुखर्जी (ख) ज्योति बसु
(ग) विधानचंद्र राय (घ) प्रणव मुखर्जी

614. इनमें से किस मुख्यमंत्री को 'भारत-रत्न' सम्मान नहीं दिया गया है ?
(क) गोपीनाथ बारदोलाई (ख) विधानचंद्र राय
(ग) एम.जी. रामचंद्रन (घ) चौधरी चरण सिंह

615. वह ऐसी कौन सी मुख्यमंत्री हैं, जिन्होंने मात्र सोलह वर्ष की ही आयु में एक फिल्म में प्रमुख भूमिका निभाई थी और वह फिल्म हिट भी रही थी ?
(क) सुषमा स्वराज (ख) शीला दीक्षित
(ग) जयललिता (घ) सुचेता कृपलानी

616. मुख्यमंत्री के रूप में शपथ लेनेवाला व्यक्ति अगर विधायक न हो तो कितनी अवधि के अंदर उसका विधानसभा का सदस्य बनना अनिवार्य होता है ?

उत्तर के लिए कृपया पृष्ठ सं. 171 देखें।

(क) 1 माह (ख) 6 माह

(ग) 1 वर्ष (घ) 2 वर्ष

617. जगदंबिका पाल के मुख्यमंत्री बनने के बाद किसके हस्तक्षेप से कल्याण सिंह की सरकार बहाल हो पाई?

(क) इलाहाबाद उच्च न्यायालय (ख) सर्वोच्च न्यायालय

(ग) राष्ट्रपति (घ) प्रधानमंत्री

618. किस प्रदेश की मुख्यमंत्री ने अपने राज्यपाल एम. चेन्ना रेड्डी को वहाँ से हटाने की माँग करनेवाला एक प्रस्ताव प्रदेश की विधानसभा में बहुमत से पारित करवा दिया था?

(क) नंदिनी सत्पथी (ख) जयललिता

(ग) शीला दीक्षित (घ) राबड़ी देवी

619. जवाहरलाल नेहरू ने विधानसभा में स्पष्ट बहुमत के बावजूद ई.एम.एस. नंबूदरीपाद की सरकार राज्यपाल द्वारा बरखास्त करवा दी थी। तब नंबूदरीपाद किस प्रदेश के मुख्यमंत्री थे?

(क) मैसूर (ख) केरल

(ग) मद्रास (घ) महाराष्ट्र

□

उत्तर के लिए कृपया पृष्ठ सं. 171 देखें।

20

जयप्रकाश आंदोलन

620. जयप्रकाश आंदोलन की शुरुआत किस वर्ष हुई थी ?

(क) सन् 1971
(ख) सन् 1972
(ग) सन् 1973
(घ) सन् 1974

621. सन् 1974 में बिहार के साथ-साथ किस अन्य प्रदेश में आंदोलनपरक गतिविधियाँ उभरी थीं ?

(क) उत्तर प्रदेश
(ख) मध्य प्रदेश
(ग) गुजरात
(घ) महाराष्ट्र

622. आंदोलन की पृष्ठभूमि में पटना के ह्वीलर सीनेट हॉल में 'लोकतंत्र के लिए युवा' विषय पर दिया गया जयप्रकाश नारायण का व्याख्यान काफी महत्त्वपूर्ण माना जाता है। यह व्याख्यान उन्होंने कब दिया था ?

(क) 12 जनवरी, 1974
(ख) 22 जनवरी, 1974
(ग) 12 फरवरी, 1974
(घ) 22 फरवरी, 1974

623. 8 फरवरी, 1974 को पटना विश्वविद्यालय और बिहार विश्वविद्यालय के छात्रों की हुई एक बड़ी बैठक में यह निर्णय लिया गया था कि छात्र-समस्याओं को जन-समस्याओं के साथ जोड़कर देखा जाए। यह बैठक कहाँ हुई थी ?

(क) आरा
(ख) पटना
(ग) मुजफ्फरपुर
(घ) छपरा

624. 17-18 फरवरी, 1974 को संपूर्ण बिहार के महाविद्यालयों तथा विश्व-

उत्तर के लिए कृपया पृष्ठ सं. 171 देखें।

विद्यालयों के छात्र-नेताओं और कई अन्य छात्र युवा संगठनों के नेताओं का एक अति महत्त्वपूर्ण सम्मेलन हुआ, जिससे बिहार आंदोलन ने अँगड़ाई लेनी शुरू की। यह सम्मेलन कहाँ हुआ था?

(क) पटना (ख) दानापुर
(ग) राँची (घ) भागलपुर

625. बिहार के छात्र-आंदोलन का संचालन-सूत्र थामनेवाला गैर-साम्यवादी छात्र संगठन 'बिहार प्रदेश छात्र संघर्ष समिति' का गठन कब किया गया था?

(क) 18 फरवरी, 1974 (ख) 20 फरवरी, 1974
(ग) 22 फरवरी, 1974 (घ) 24 फरवरी, 1974

626. छात्र-आंदोलन की एक बड़ी घटना सन् 1974 में तब घटी, जब पटना में छात्रों-युवकों द्वारा विधानसभा भवन के सामने किए गए जबरदस्त प्रदर्शन को पुलिस ने बुरी तरह रौंदा। यह घटना कब घटी थी?

(क) 5 मार्च (ख) 8 मार्च
(ग) 18 मार्च (घ) 28 मार्च

627. छात्रों-युवकों ने विधानसभा भवन के सामने प्रदर्शन अपनी बारह सूत्री माँगों के समर्थन में किया था। इनमें आठ सूत्र शिक्षा से तथा चार सूत्र आम आदमी की समस्याओं से जुड़े थे। इनमें से कौन मुद्दा उन चार सूत्रों में नहीं था?

(क) भ्रष्टाचार मिटाना (ख) महँगाई दूर करना
(ग) बेरोजगारी मिटाना (घ) मनोरंजन-कर मुक्त करना

628. 18 मार्च, 1974 को बिहार (पटना) के एक बड़े समाचार-पत्र समूह के भवन में आग लगा दी गई थी। उसका नाम क्या था?

(क) सर्चलाइट/प्रदीप (ख) आर्यावर्त/इंडियन नेशन
(ग) जनशक्ति (घ) विश्वमित्र

629. बिहार के प्रमुख छात्र-नेताओं के अनुरोध पर जयप्रकाशजी ने इस शर्त पर कि आंदोलन पूर्णत: अहिंसक और शांतिपूर्ण होगा, आंदोलन का नेतृत्व करने की बात किस तिथि को मानी थी?

(क) 18 मार्च, 1974 (ख) 19 मार्च, 1974
(ग) 20 मार्च, 1974 (घ) 21 मार्च, 1974

630. छात्र-आंदोलन जन-आंदोलन बनने लगा—यह पटना में जयप्रकाशजी के

उत्तर के लिए कृपया पृष्ठ सं. 171 देखें।

नेतृत्व में सभी वर्गों के बुद्धिजीवियों के एक मौन जुलूस में दिखा। यह मौन जुलूस कब निकला था ?

(क) 2 अप्रैल, 1974 (ख) 4 अप्रैल, 1974

(ग) 6 अप्रैल, 1974 (घ) 8 अप्रैल, 1974

631. 9 अप्रैल, 1974 को पटना में हुई एक विशाल जनसभा में जयप्रकाशजी को कौन सी उपाधि दी गई थी ?

(क) जननायक (ख) लोकनायक

(ग) लोकरत्न (घ) भारतनायक

632. 12 अप्रैल, 1974 को बिहार के किस शहर में आंदोलनरत अहिंसक छात्रों-युवकों पर पुलिस ने अंधाधुंध गोलियाँ चलाईं, जिसके फलस्वरूप पचास से अधिक लोग मारे गए ?

(क) पटना (ख) राँची

(ग) गया (घ) मुजफ्फरपुर

633. 12 अप्रैल को हुए गोलीकांड के बाद बिहार के तत्कालीन मुख्यमंत्री के त्याग-पत्र की माँग आंदोलनकारी लोग जोर-शोर से करने लगे। उस मुख्यमंत्री का नाम क्या था ?

(क) अब्दुल गफूर (ख) केदार पांडेय

(ग) जगन्नाथ मिश्र (घ) बिंदेश्वरी दुबे

634. प्रदेश की कांग्रेस सरकार के दमनात्मक रवैये के विरोध तथा जनांदोलन के समर्थन में कांग्रेस के एक प्रमुख नेता, जो बिहार के मुख्यमंत्री भी रह चुके थे, ने कांग्रेस से त्याग-पत्र दे दिया। उनका नाम क्या था ?

(क) सतीश प्रसाद सिंह (ख) भोला पासवान शास्त्री

(ग) सरदार हरिहर सिंह (घ) महामाया प्रसाद सिन्हा

635. किस तिथि को पटना में पाँच लाख से भी अधिक लोगों की एक सभा में जयप्रकाशजी ने 'संपूर्ण क्रांति' का उद्घोष किया था ?

(क) 4 जून, 1974 (ख) 5 जून, 1974

(ग) 14 जून, 1974 (घ) 15 जून, 1974

636. 'संपूर्ण क्रांति' के कितने आयाम निर्धारित किए गए थे ?

(क) 4 (ख) 5

(ग) 6 (घ) 7

637. 5 जून, 1974 को लाखों लोगों के जुलूस का नेतृत्व करते हुए जयप्रकाशजी

उत्तर के लिए कृपया पृष्ठ सं. 171 देखें।

ने बिहार विधानसभा के विघटन के पक्ष में प्रदेश के कितने लोगों के हस्ताक्षर तत्कालीन राज्यपाल को सौंपे थे?

(क) 50 लाख (ख) 75 लाख

(ग) 1 करोड़ (घ) 2 करोड़

638. स्वतंत्र भारत के इतिहास में किसी भी (बिहार) प्रदेश में सफल हुए तीन दिनों के 'पूर्ण बंद' की एकमात्र घटना उक्त जनांदोलन के दौरान सन् 1974 के किस महीने में 3, 4 और 5 तारीख को घटित हुई थी?

(क) अगस्त (ख) सितंबर

(ग) अक्तूबर (घ) नवंबर

639. भ्रष्ट और निकम्मी मानी जानेवाली बिहार की तत्कालीन गफूर सरकार के विरोध में विधानसभा भवन का घेराव करने के लिए जयप्रकाशजी के नेतृत्व में लाखों लोगों का जुलूस पटना में किस तारीख को निकला था?

(क) 4 अक्तूबर (ख) 4 नवंबर

(ग) 18 नवंबर (घ) 4 दिसंबर

640. प्रदेश सरकार की सख्त पाबंदी के बावजूद नकली शवयात्रा बनाकर और गंगा नदी को तैरकर भी पहुँचे असंख्य लोगों के शांतिपूर्ण विशाल जुलूस का नेतृत्व कर रहे जयप्रकाशजी पर पुलिस द्वारा किए गए जबरदस्त लाठी प्रहार की घटना संसार भर में चर्चा का विषय बनी थी। उक्त लाठी प्रहार को किस नेता ने अपने ऊपर झेला था?

(क) बलराज मधोक (ख) नानाजी देशमुख

(ग) राजनारायण (घ) पीलू मोदी

641. 12 नवंबर, 1974 को किस राष्ट्रीय नेता ने सरकार पर यह आरोप लगाया था कि वह (सरकार) जयप्रकाशजी की हत्या करना चाहती है?

(क) मोरारजी देसाई (ख) चौधरी चरण सिंह

(ग) अटल बिहारी वाजपेयी (घ) जगजीवन राम

642. 'संपूर्ण क्रांति' को सफल बनाने की दिशा में आगे बढ़ने के लिए छात्र-छात्राओं और युवक-युवतियों के एक गैर-राजनीतिक संगठन 'छात्र युवा संघर्ष वाहिनी' का गठन जयप्रकाशजी ने कब किया?

(क) 1 जनवरी, 1975 (ख) 2 जनवरी, 1975

(ग) 3 जनवरी, 1975 (घ) 4 जनवरी, 1975

643. सन् 1975 का प्रारंभ होते-होते देश के कई भागों में जनांदोलन फैल चुका

उत्तर के लिए कृपया पृष्ठ सं. 171 देखें।

था और आंदोलनकारियों की माँगें 'राष्ट्रीय' होने लगी थीं। जयप्रकाशजी ने देश पर तानाशाही थोपने का आरोप तत्कालीन केंद्रीय (इंदिरा) सरकार पर कब लगाया?

(क) 9 जनवरी, 1975 (ख) 19 जनवरी, 1975
(ग) 9 फरवरी, 1975 (घ) 19 फरवरी, 1975

644. आंदोलन के दौरान विभिन्न कवियों द्वारा पढ़ी जानेवाली कई जोशीली कविताएँ काफी लोकप्रिय हुई थीं। ऐसी ही एक कविता 'इंदुजी, इंदुजी, (इंदिराजी) क्या हुआ आप को, सत्ता की मस्ती में भूल गईं बाप को' किसकी कविता थी?

(क) नागार्जुन (ख) रघुवीर सहाय
(ग) सर्वेश्वर दयाल सक्सेना (ध) धर्मवीर भारती

645. आंदोलन के दौरान सरकार के दमनात्मक रवैये के विरोध में किस प्रमुख साहित्यकार ने अपनी 'पद्मश्री' उपाधि सरकार को लौटा दी थी?

(क) हरिवंश राय 'बच्चन' (ख) रामधारी सिंह 'दिनकर'
(ग) फणीश्वर नाथ 'रेणु' (घ) महादेवी वर्मा

646. सन् 1975 के जून माह के अंतिम सप्ताह में राष्ट्रव्यापी बन चुके इस आंदोलन का चक्का दलदल में धँस गया। इसका कारण क्या था?

(क) जयप्रकाश जी की बीमारी (ख) आपत्काल की घोषणा
(ग) सरकार से समझौता (घ) इंदिरा सरकार का पतन

647. इनमें से कौन व्यक्ति बिहार प्रदेश छात्र संघर्ष समिति के नेता नहीं थे?

(क) सुशील कुमार मोदी (ख) लालू प्रसाद
(ग) रामविलास पासवान (घ) सच्चिदानंद

648. जून 1975 में आंदोलन के सभी छोटे-बड़े नेता गिरफ्तार कर लिये गए। जयप्रकाशजी कहाँ गिरफ्तार किए गए थे?

(क) पटना (ख) नई दिल्ली
(ग) बंबई (घ) कलकत्ता

649. आपत्काल के आतंकित माहौल में ही (6 दिसंबर, 1976 को) देश के किस शहर में 'जिंदा जे.पी. वापस दो' आदि नारे लगाते लोगों का डेढ़ किलोमीटर लंबा जुलूस निकला था?

(क) पटना (ख) दिल्ली
(ग) आरा (घ) मुजफ्फरपुर □

उत्तर के लिए कृपया पृष्ठ सं. 171 देखें।

21

आपत्काल

650. संविधान की किस धारा में राष्ट्रपति को यह अधिकार दिया गया है कि अगर देश के अंदर उपद्रव हो रहा हो तो वह आपत्काल लागू कर सकते हैं ?

(क) धारा 144 (ख) धारा 270

(ग) धारा 352 (घ) धारा 365

651. पिछले पचास वर्षों में देश में कितनी बार (आंतरिक) आपत्काल लागू किया गया है ?

(क) 1 बार (ख) 2 बार

(ग) 3 बार (घ) 1 बार भी नहीं

652. आंतरिक आपत्काल कब लागू किया गया ?

(क) 25 जून, 1974 (ख) 25 जून, 1975

(ग) 25 जुलाई, 1975 (घ) 26 जून, 1976

653. जब देश में पहली बार आंतरिक आपत्काल लागू किया गया, तब राष्ट्रपति कौन थे ?

(क) वी.वी. गिरि (ख) फखरुद्दीन अली अहमद

(ग) बी.डी. जत्ती (घ) नीलम संजीव रेड्डी

654. इंदिरा गांधी द्वारा आपत्काल लागू किए जाने का प्रधान कारण समाजवादी नेता राजनारायण द्वारा इंदिरा गांधी के खिलाफ दायर की गई चुनाव याचिका पर दिया गया फैसला था। वह फैसला किस न्यायालय ने दिया था ?

उत्तर के लिए कृपया पृष्ठ सं. 171 देखें।

(क) रायबरेली जिला न्यायालय (ख) दिल्ली उच्च न्यायालय
(ग) इलाहाबाद उच्च न्यायालय (घ) सर्वोच्च न्यायालय

655. राजनारायण की चुनाव याचिका पर 'ऐतिहासिक' माने जानेवाले फैसले को देनेवाले माननीय न्यायाधीश का नाम क्या था?
(क) राममोहन लाल सिन्हा (ख) जगमोहन लाल सिन्हा
(ग) मोहन लाल सिन्हा (घ) लाल मोहन सिन्हा

656. न्यायाधीश ने अपने फैसले में इंदिरा गांधी को कितने वर्षों तक के लिए कोई भी निर्वाचित पद सँभालने पर रोक लगा दी थी?
(क) 4 (ख) 5
(ग) 6 (घ) 7

657. न्यायाधीश ने अपने फैसले में इंदिरा गांधी पर इनमें से किस पर रोक नहीं लगाई थी?
(क) सदन में बैठने (ख) वोट देने
(ग) बहस में हिस्सा लेने (घ) भत्ता पाने

658. राजनारायण की चुनाव याचिका पर इंदिरा गांधी के खिलाफ फैसला देनेवाले न्यायमूर्ति द्वारा उस (फैसले) की तामील को कितने दिनों तक स्थगित रखने की मंजूरी दिए जाने के कारण वह (इंदिरा गांधी) तत्काल त्याग-पत्र देने से बच गईं?
(क) 10 दिन (ख) 12 दिन
(ग) 15 दिन (घ) 20 दिन

659. आपत्काल जिस तिथि को लागू हुआ उसी तिथि को दिल्ली में देश भर के इंदिरा-विरोधी प्रमुख नेताओं की एक ऐतिहासिक जनसभा थी। वह कहाँ हुई थी?
(क) रामलीला मैदान (ख) बोट क्लब
(ग) लाल किला मैदान (घ) बुराड़ी मैदान

660. जिस मध्य रात्रि में आपत्काल की घोषणा की गई, उसके चौबीस घंटे के अंदर देश भर के लगभग सभी छोटे-बड़े इंदिरा-विरोधी नेता-कार्यकर्ताओं को गिरफ्तार कर लिया गया था। इन सर्वोदय नेताओं में से किसे गिरफ्तार नहीं किया गया था?
(क) जयप्रकाश नारायण (ख) विनोबा भावे

उत्तर के लिए कृपया पृष्ठ सं. 171 व 172 देखें।

(ग) ठाकुर दास बंग (घ) सिद्धराज ढड्ढा

661. इनमें से कौन आपत्काल का प्रतीक नहीं बना?
(क) इंदिरा-विरोधियों की गिरफ्तारी (ख) सेंसरशिप
(ग) भारी कराधान (घ) जबरन नसबंदी

662. आपत्काल में इंदिरा गांधी को दायाँ हाथ जैसा सहयोग अपने परिवार के किस व्यक्ति से मिला था?
(क) राजीव गांधी (ख) सोनिया गांधी
(ग) संजय गांधी (घ) विजयालक्ष्मी पंडित

663. किससे सलाह लेकर प्रधानमंत्री को आपत्काल लागू किए जाने की अनुशंसा राष्ट्रपति से करनी चाहिए?
(क) सर्वोच्च न्यायालय (ख) लोकसभाध्यक्ष
(ग) विरोधी दल के नेता (घ) मंत्रिपरिषद् के सदस्य

664. आपत्काल के दौरान तत्कालीन सरकार द्वारा संविधान-समीक्षा के लिए एक कमेटी का गठन गया था। वह कमेटी किस नाम से जानी जाती है?
(क) एन. पालकीवाला कमेटी (ख) स्वर्ण सिंह कमेटी
(ग) जैल सिंह कमेटी (घ) सिद्धार्थ शंकर राय कमेटी

665. इनमें से किसने आपत्काल का भरपूर समर्थन किया था?
(क) वामपंथी दल (ख) संगठन कांग्रेस
(ग) जनसंघ (घ) सोशलिस्ट पार्टी

666. आपत्काल में ही किसके दोनों गुरदे खराब हो जाने की बात उजागर हुई?
(क) जे.बी. कृपलानी (ख) मधु लिमये
(ग) जयप्रकाश नारायण (घ) आचार्य राममूर्ति

667. आपत्काल के दौरान देश में सेंसरशिप लागू होने के कारण देश-विदेश के लोग सही और पूरी खबरें जानने के लिए कहाँ की समाचार बुलेटिनों तथा संबद्ध कार्यक्रमों को सुनना अधिक पसंद करते थे?
(क) आकाशवाणी (ख) बी.बी.सी.
(ग) वॉयस ऑफ अमेरिका (घ) रेडियो सीलोन

668. आपत्काल के दौरान देश में किसके लक्षण दिखे?
(क) सैनिक शासन (ख) तानाशाही
(ग) लोकतंत्र (घ) राजतंत्र

उत्तर के लिए कृपया पृष्ठ सं. 172 देखें।

669. आपत्काल में सक्रिय ज्यादतीपसंद शिखरस्थ लोगों की टोली को बाद में कौन सा नाम दिया गया?

(क) हिटलर टोली (ख) चांडाल चौकड़ी

(ग) उत्पात मंडली (घ) तानाशाह मंडली

670. आपत्काल लगभग कितने महीने तक रहा?

(क) 17 महीने (ख) 18 महीने

(ग) 19 महीने (घ) 20 महीने

671. इंदिरा गांधी ने स्वतंत्रता-प्राप्ति के बाद का इतिहास मनमाफिक लिखवाकर जिस बड़े पात्र में बंद करवाकर दिल्ली में जमीन में गड़वा दिया था, उस (पात्र) को क्या नाम दिया गया था?

(क) इंदिरापात्र (ख) इतिहास-मंजूषा

(ग) काललेख (घ) कालपात्र

672. इनमें से किसने आपत्काल से संबद्ध पुस्तक नहीं लिखी है?

(क) कुलदीप नैयर (ख) लालकृष्ण आडवाणी

(ग) जनार्दन ठाकुर (घ) हरिवंश राय 'बच्चन'

673. अगर आपत्काल लागू नहीं होता तो ठीक बाद का लोकसभा चुनाव कब होता?

(क) जुलाई 1975 (ख) दिसंबर 1975

(ग) फरवरी 1976 (घ) जून 1976

☐

उत्तर के लिए कृपया पृष्ठ सं. 172 देखें।

22

राजनीतिक दल

674. कांग्रेस (इंडियन नेशनल कांग्रेस) अपनी स्थापना से पूर्व किस नाम से अस्तित्व में थी?

(क) नेशनल यूनियन कांग्रेस (ख) इंडियन नेशन यूनियन

(ग) यूनियन कांग्रेस (घ) किसी नाम से नहीं

675. कांग्रेस की स्थापना कब की गई?

(क) सन् 1857 (ख) सन् 1885

(ग) सन् 1910 (घ) सन् 1930

676. कांग्रेस की स्थापना किसने की थी?

(क) ए.ओ. ह्यूम (ख) एच.ओ. ह्यूम

(ग) ओ.एच. ह्यूम (घ) महात्मा गांधी

677. कांग्रेस का प्रथम अधिवेशन कहाँ हुआ था?

(क) दिल्ली (ख) कलकत्ता

(ग) पूना (घ) बंबई

678. कांग्रेस के प्रथम अध्यक्ष कौन थे?

(क) महात्मा गांधी (ख) गोपाल कृष्ण गोखले

(ग) जवाहरलाल नेहरू (घ) व्योमेश चंद्र बनर्जी

679. कांग्रेस के प्रथम अल्पसंख्यक अध्यक्ष कौन थे?

(क) सैयद मो. बहादुर (ख) बदरुद्दीन तैयबजी

(ग) रफी अहमद किदवई (घ) हकीम अजमल खाँ

उत्तर के लिए कृपया पृष्ठ सं. 172 देखें।

680. कांग्रेस के किस वर्ष के अधिवेशन में मंच से प्रथम बार 'वंदे मातरम्' गाया गया?

(क) सन् 1896 (ख) सन् 1897

(ग) सन् 1898 (घ) सन् 1899

681. कांग्रेस के सन् 1899 के अधिवेशन में कांग्रेसियों के नरम रुख के कारण किस नेता को अंग्रेज सरकार के विरोध में लाया गया अपना प्रस्ताव वापस लेना पड़ा?

(क) मदन मोहन मालवीय (ख) बाल गंगाधर तिलक

(ग) गोपाल कृष्ण गोखले (घ) सुभाष चंद्र बोस

682. महात्मा गांधी कांग्रेस के किस वर्ष के अधिवेशन में पहली बार उपस्थित हुए थे?

(क) सन् 1900 (ख) सन् 1901

(ग) सन् 1902 (घ) सन् 1903

683. गोपाल कृष्ण गोखले की अध्यक्षता में बनारस में किस वर्ष हुए कांग्रेस अधिवेशन में कांग्रेस के गरम दल का उदय हुआ था और लाल-बाल-पाल का वर्चस्व बढ़ा था?

(क) सन् 1903 (ख) सन् 1904

(ग) सन् 1905 (घ) सन् 1906

684. कांग्रेस के किस अधिवेशन की शुरुआत 'वंदे मातरम्' से हुई थी?

(क) बीसवें (ख) इक्कीसवें

(ग) बाईसवें (घ) तेईसवें

685. कांग्रेस के किस वर्ष के अधिवेशन में नरम दल और गरम दल के समर्थकों के बीच जूती-पैजार हो गई?

(क) सन् 1904 (ख) सन् 1905

(ग) सन् 1906 (घ) सन् 1907

686. कांग्रेस की प्रथम महिला अध्यक्ष कौन थीं?

(क) एनी बेसेंट (ख) सरोजिनी नायडू

(ग) कस्तूरबा गांधी (घ) इंदिरा गांधी

687. कांग्रेस के किस अधिवेशन में 'स्वराज' को अपना लक्ष्य घोषित किया गया?

उत्तर के लिए कृपया पृष्ठ सं. 172 देखें।

(क) इकतीसवें (ख) बत्तीसवें

(ग) तैंतीसवें (घ) चौंतीसवें

688. कांग्रेस ने तिरंगा झंडा किस वर्ष अपनाया ?

(क) सन् 1916 (ख) सन् 1917

(ग) सन् 1918 (घ) सन् 1919

689. वे दो वर्ष कौन से थे, जब कांग्रेस अधिवेशन की अध्यक्षता एक साल पिता (मोतीलाल नेहरू) और अगले साल पुत्र (जवाहरलाल नेहरू) ने की ?

(क) सन् 1920-21 (ख) सन् 1922-23

(ग) सन् 1925-26 (घ) सन् 1928-29

690. पहली बार किस वर्ष कांग्रेस का कोई अधिवेशन नहीं हुआ था ?

(क) सन् 1928 (ख) सन् 1930

(ग) सन् 1932 (घ) सन् 1934

691. सन् 1939 में किस स्थान पर हुए कांग्रेस अधिवेशन में सुभाषचंद्र बोस ने अध्यक्ष पद के चुनाव में गांधीजी की पसंद के नेता पट्टाभि सीतारामैया को हरा दिया था और तब गांधीजी ने कहा था, 'पट्टाभि की हार मेरी हार है' ?

(क) कलकत्ता (ख) हरिपुरा

(ग) त्रिपुरी (घ) रामगढ़

692. वह कौन सा वर्ष था, जब सुभाषचंद्र बोस द्वारा त्याग-पत्र देकर 'आजाद हिंद फौज' का गठन करने के कारण कांग्रेस का प्रथम विभाजन हुआ था ?

(क) सन् 1937 (ख) सन् 1939

(ग) सन् 1941 (घ) सन् 1943

693. जब देश स्वतंत्र हुआ, तब कांग्रेस के अध्यक्ष कौन थे ?

(क) अबुल कलाम आजाद (ख) जे.बी. कृपलानी

(ग) जवाहरलाल नेहरू (घ) पट्टाभि सीतारामैया

694. इन कांग्रेस अध्यक्षों में से ऐसे कौन थे, जो बाद में राष्ट्रपति नहीं बने ?

(क) डॉ. राजेंद्र प्रसाद (ख) नीलम संजीव रेड्डी

(ग) डॉ. शंकर दयाल शर्मा (घ) डी. संजीवैया

695. सन् 1946 में अंतरिम सरकार बनाते समय पं. नेहरू द्वारा विचार-विमर्श नहीं किए जाने के कारण क्षुब्ध होकर कांग्रेस के अध्यक्ष पद से त्याग-पत्र

उत्तर के लिए कृपया पृष्ठ सं. 172 देखें।

देनेवाले नेता कौन थे?

(क) डॉ. राजेंद्र प्रसाद (ख) मदन मोहन मालवीय

(ग) जे.बी. कृपलानी (घ) उमाशंकर दीक्षित

696. पं. नेहरू राष्ट्रपति पद पर राजेंद्र बाबू की बजाय किस नेता को आसीन होते देखना चाहते थे?

(क) यू.एन. ढेबर (ख) चक्रवर्ती राजगोपालाचारी

(ग) के.एम. मुंशी (घ) भीमराव अंबेडकर

697. स्वतंत्रता-प्राप्ति से पूर्व देश में राष्ट्रीय विचारधारा के समाचार-पत्र कांग्रेस अध्यक्ष के लिए किस शब्द का प्रयोग करते थे?

(क) दलपति (ख) दलाध्यक्ष

(ग) दलप्रधान (घ) राष्ट्रपति

698. सन् 1963 में कामराज द्वारा बनाए गए सिंडिकेट में इनमें से कौन नहीं थे?

(क) अतुल्य घोष (ख) निजलिंगप्पा

(ग) सरदार वल्लभभाई पटेल (घ) बीजू पटनायक

699. स्वतंत्रता-प्राप्ति के बाद कांग्रेस में पहला उल्लेखनीय विभाजन कब हुआ?

(क) सन् 1967 (ख) सन् 1968

(ग) सन् 1969 (घ) सन् 1970

700. सन् 1977 में कांग्रेस से अलग होकर जगजीवन राम, हेमवतीनंदन बहुगुणा आदि ने जो दल बनाया था, उसका नाम क्या था?

(क) डेमोक्रेटिक कांग्रेस (ख) कांग्रेस फॉर डेमोक्रेसी

(ग) पीपुल्स कांग्रेस (घ) कांग्रेस (जे.)

701. किस घटना के बाद कांग्रेस के राष्ट्रीय अध्यक्ष का पद कुछ समय के लिए खाली रहा?

(क) इंदिरा गांधी की हत्या (ख) राजीव गांधी की हत्या

(ग) राव सरकार का पतन (घ) सीताराम केसरी का निधन

702. सन् 1978 में इंदिरा गांधी ने अपने बचे-खुचे नेताओं-कार्यकर्ताओं को मिलाकर जो नया दल बनाया था, उसका नाम क्या था?

(क) नेहरू कांग्रेस (ख) गांधी कांग्रेस

(ग) इंदिरा कांग्रेस (घ) यूथ कांग्रेस

703. कांग्रेसियों की लंबी गुहार के बाद सोनिया गांधी ने अंततः राजनीति में

उत्तर के लिए कृपया पृष्ठ सं. 172 देखें।

आने (चुनाव-प्रचार करने) की घोषणा कब की?

(क) नवंबर 1997 (ख) दिसंबर 1997

(ग) जनवरी 1998 (घ) दिसंबर 1998

704. 'जनसंघ' का प्रारंभिक नाम क्या था?

(क) इंडियन पीपुल्स पार्टी (ख) पीपुल्स पार्टी

(ग) नेशनल पीपुल्स पार्टी (घ) नेशनल पार्टी

705. 'जनसंघ' के संस्थापक कौन थे?

(क) श्यामा प्रसाद मुखर्जी (ख) दीनदयाल उपाध्याय

(ग) बलराज मधोक (घ) प्रेमनाथ डोगरा

706. जनसंघ का झंडा किस रंग का था?

(क) केसरिया-सफेद (ख) केसरिया-हरा

(ग) केसरिया (घ) पीला

707. इनमें से किस लोकसभा में जनसंघ के सदस्य सबसे अधिक संख्या में रहे?

(क) पहली (ख) दूसरी

(ग) तीसरी (घ) चौथी

708. पहली लोकसभा में ही डॉ. श्यामा प्रसाद मुखर्जी ने समान विचारवाले सदस्यों को मिलाकर जो 'मोर्चा' बनाया था, उसका नाम क्या था?

(क) इंडियन फ्रंट (ख) हिंदुस्तानी फ्रंट

(ग) नेशनल डेमोक्रेट (घ) इंडियन डेमोक्रेट

709. सन् 1967 में हुए चुनाव के ठीक पहले जनसंघ के सक्रिय समर्थन से किसके विरोध में जबरदस्त आंदोलन चला था?

(क) गो-हत्या (ख) मांस-बिक्री

(ग) मांसाहार (घ) मद्यपान

710. सन् 1977 में जनसंघ का विलय किसमें हो गया था?

(क) सोशलिस्ट पार्टी (ख) भारतीय जनता पार्टी

(ग) जनता पार्टी (घ) जनता दल

711. जनता पार्टी में किस मुद्दे पर मूल जनसंघ के नेताओं-कार्यकर्ताओं को अलग-थलग करने की कोशिश की गई?

(क) मंत्रिपद का बँटवारा (ख) हिंदूवादी विचारधारा

उत्तर के लिए कृपया पृष्ठ सं. 172 देखें।

(ग) पाक-विरोधी दृष्टिकोण (घ) दोहरी सदस्यता

712. 'जनता पार्टी' के एक घटक दल से उबरकर जनसंघ के नेताओं ने किस नाम से एक नई पार्टी बनाई?

(क) जनसंघ (ख) भारतीय जनसंघ

(ग) राष्ट्रीय स्वयंसेवक संघ (घ) भारतीय जनता पार्टी

713. भारतीय जनता पार्टी की स्थापना कब हुई?

(क) अप्रैल 1979 (ख) अप्रैल 1980

(ग) अक्तूबर 1980 (घ) अप्रैल 1981

714. भारतीय जनता पार्टी का संविधान, चुनाव-चिह्न आदि तैयार करने के लिए गठित त्रिसदस्यीय समिति में इनमें से कौन नहीं थे?

(क) राम जेठमलानी (ख) सिकंदर बख्त

(ग) मदनलाल खुराना (घ) सुंदर सिंह भंडारी

715. भाजपा (भारतीय जनता पार्टी) का झंडा कैसा रखा गया?

(क) केसरिया (ख) केसरिया-हरा

(ग) केसरिया-सफेद (घ) पीला-हरा

716. भारतीय जनता पार्टी ने अपने मुंबई अधिवेशन में दीनदयाल उपाध्याय के 'एकात्म मानववाद' से अलग जाकर इनमें से किसको अपना ध्येय घोषित किया?

(क) गांधीवादी समाजवाद (ख) धर्मनिरपेक्षतावाद

(ग) साम्यवाद (घ) कट्टर हिंदूवाद

717. भाजपा के इन नेताओं में से किसने कभी राष्ट्रीय अध्यक्ष का पद नहीं सँभाला?

(क) अटल बिहारी वाजपेयी (ख) लालकृष्ण आडवाणी

(ग) विजयाराजे सिंधिया (घ) मुरली मनोहर जोशी

718. भारतीय जनता पार्टी का 'करिश्माई उन्नायक' इनमें से किसे माना जाता है?

(क) अटल बिहारी वाजपेयी (ख) लालकृष्ण आडवाणी

(ग) बंगारू लक्ष्मण (घ) प्रमोद महाजन

719. भाजपा के नेतृत्व में केंद्र में पहली बार सरकार कब बनी?

(क) सन् 1996 (ख) सन् 1997

उत्तर के लिए कृपया पृष्ठ सं. 172 देखें।

(ग) सन् 1998 (घ) सन् 1999

720. भाजपा के किस नेता ने सन् 1993 में कन्याकुमारी से जम्मू तक की 'एकता यात्रा' की थी?

(क) उमा भारती (ख) लालकृष्ण आडवाणी

(ग) मुरली मनोहर जोशी (घ) प्रमोद महाजन

721. इनमें से कौन भाजपा नेता अपनी प्रखर वाक्-शैली, विद्वत्ता एवं सादे रहन-सहन के प्रतीक माने जाते हैं?

(क) प्रमोद महाजन (ख) बंगारू लक्ष्मण

(ग) गोविंदाचार्य (घ) वेंकैया नायडू

722. किस वर्ष के अंत में भाजपा कार्यकारिणी ने अपनी संविधान-संशोधन समिति की यह सिफारिश स्वीकार कर ली कि पार्टी के अध्यक्ष का कार्यकाल अब दो वर्ष से बढ़ाकर तीन वर्ष कर दिया जाए और दो कार्यकालों तक अध्यक्ष बने रहने की परंपरा समाप्त कर दी जाए?

(क) सन् 1984 (ख) सन् 1990

(ग) सन् 1998 (घ) सन् 1999

723. अपनी शैशवावस्था में ही जनसंघ को 'राष्ट्रीय दल' का दर्जा कब मिला?

(क) 6 जनवरी, 1952 (ख) 26 जनवरी, 1952

(ग) 6 जनवरी, 1953 (घ) 16 जनवरी, 1954

724. जनसंघ अपने मूल रूप में कितने वर्षों तक रहा?

(क) 22 वर्ष (ख) 24 वर्ष

(ग) 26 वर्ष (घ) 28 वर्ष

725. जनसंघ की स्थापना किस वर्ष हुई?

(क) सन् 1949 (ख) सन् 1950

(ग) सन् 1951 (घ) सन् 1952

726. जनता पार्टी में जनसंघ का विलय कब हुआ?

(क) 1 फरवरी, 1977 (ख) 6 अप्रैल, 1977

(ग) 1 मई, 1977 (घ) 1 जून, 1977

727. 'जनता पार्टी का कोई भी विधायक, सांसद अथवा पदाधिकारी राष्ट्रीय स्वयंसेवक संघ के दैनिक क्रियाकलापों में भाग नहीं लेगा।' जनता पार्टी के संसदीय बोर्ड ने यह निर्णय कब लिया था?

उत्तर के लिए कृपया पृष्ठ सं. 172 व 173 देखें।

(क) मार्च 1979 (ख) मार्च 1980

(ग) अप्रैल 1980 (घ) मई 1980

728. जनता पार्टी में (जगजीवन राम की पार्टी सहित) कुल कितने घटक थे?

(क) 2 (ख) 3

(ग) 4 (घ) 5

729. जनता पार्टी की स्थापना किसके नैतिक दबाव के परिणामस्वरूप की गई?

(क) इंदिरा गांधी (ख) चंद्रशेखर

(ग) जे.बी. कृपलानी (घ) जयप्रकाश नारायण

730. जनता पार्टी का अध्यक्ष किसे बनाया गया?

(क) जयप्रकाश नारायण (ख) मोरारजी देसाई

(ग) चंद्रशेखर (घ) मोहन धारिया

731. जनता पार्टी के विवाद के समय चौधरी चरण सिंह किस चर्चित स्थान पर रूठकर बैठ गए थे?

(क) मनाली (ख) गुड़गाँव

(ग) नोएडा (घ) सूरजकुंड

732. जनता पार्टी की सरकार में कितने उपप्रधानमंत्री थे?

(क) 1 (ख) 2

(ग) 3 (घ) एक भी नहीं

733. किस कारण से जनता पार्टी टूटी?

(क) आपसी लड़ाई (ख) जनता का दबाव

(ग) जयप्रकाशजी का दबाव (घ) समय का तकाजा

734. जनता पार्टी के गठन के बाद निर्वाचन आयोग द्वारा तत्काल इसे मान्यता नहीं दिए जाने के कारण इसके उम्मीदवारों ने अपने किस घटक दल के मूल चुनाव-चिह्न पर चुनाव लड़ा?

(क) संगठन कांग्रेस (ख) जनसंघ

(ग) भारतीय लोक दल (घ) सोशलिस्ट पार्टी

735. जनता पार्टी का पहला विभाजन किस वर्ष हुआ?

(क) सन् 1977 (ख) सन् 1978

(ग) सन् 1979 (घ) सन् 1980

736. टूट के बाद जनता पार्टी के किस नेतावाले धड़े को निर्वाचन आयोग ने मूल

उत्तर के लिए कृपया पृष्ठ सं. 173 देखें।

'जनता पार्टी' माना ?

(क) चौधरी चरण सिंह (ख) चंद्रशेखर

(ग) मोरारजी देसाई (घ) किसी को नहीं

737. चौधरी चरण सिंहवाले जनता पार्टी धड़े का नाम क्या रखा गया ?

(क) जनता पार्टी (सेक्युलर) (ख) जनता पार्टी (चरण)

(ग) जनता पार्टी (असंतुष्ट) (घ) जनता पार्टी (असली)

738. चंद्रशेखर के धड़ेवाली जनता पार्टी का विभाजन कब हुआ ?

(क) सन् 1979 (ख) सन् 1980

(ग) सन् 1981 (घ) कभी नहीं

739. जनता पार्टी का चौधरी चरण सिंह धड़ा भी कुछ समय बाद दो-फाड़ हो गया। एक के नेता तो चरण सिंह ही थे, दूसरे धड़े के नेता कौन थे ?

(क) देवीलाल (ख) अजित सिंह

(ग) राजनारायण (घ) कर्पूरी ठाकुर

740. 'जनता पार्टी' के मूल नाम से जो छोटा सा दल बना रहा, उसका नेता कौन था ?

(क) सुरेंद्र मोहन (ख) बलराज मधोक

(ग) रामनरेश यादव (घ) सुब्रह्मण्यम स्वामी

741. भारतीय कम्युनिस्ट पार्टी का विभाजन किस वर्ष हुआ ?

(क) सन् 1963 (ख) सन् 1964

(ग) सन् 1965 (घ) सन् 1972

742. भारतीय कम्युनिस्ट पार्टी की दलीय नीति से संबद्ध प्रतिबद्धता किस देश के प्रति मानी जाती है ?

(क) अमेरिका (ख) चीन

(ग) पाकिस्तान (घ) रूस

743. मार्क्सवादी कम्युनिस्ट पार्टी की दलीय नीति से संबद्ध प्रतिबद्धता किस देश के प्रति मानी जाती है ?

(क) रूस (ख) अमेरिका

(ग) चीन (घ) पाकिस्तान

744. सन् 1974 में चौधरी चरण सिंह के नेतृत्व में बने 'भारतीय लोक दल' में कुल कितने छोटे-मझोले दल शामिल हुए थे ?

उत्तर के लिए कृपया पृष्ठ सं. 173 देखें।

(क) 2 (ख) 4

(ग) 5 (घ) 7

745. जनता दल का गठन कब किया गया था?

(क) 2 अक्तूबर, 1987 (ख) 2 अक्तूबर, 1988

(ग) 11 अक्तूबर, 1988 (घ) 11 अक्तूबर, 1989

746. जनता दल में इनमें से कौन संगठन नहीं मिले थे?

(क) जनता पार्टी (ख) छात्र-युवा संघर्ष वाहिनी

(ग) दलित मजदूर किसान पार्टी (घ) जनमोर्चा

747. जनता दल का संस्थापक अध्यक्ष कौन था?

(क) विद्याचरण शुक्ल (ख) रामकृष्ण हेगड़े

(ग) अजित सिंह (घ) विश्वनाथ प्रताप सिंह

748. सन् 1989 में होनेवाले चुनाव के ठीक पहले किस वाद के नाम पर सभी विपक्षी दल गोलबंद हुए थे?

(क) राष्ट्रवाद (ख) समाजवाद

(ग) गैर-कांग्रेसवाद (घ) ब्राह्मणवाद

749. प्रधानमंत्री बनने के बाद जब विश्वनाथ प्रताप सिंह ने जनता दल का अध्यक्ष पद छोड़ा, तब इस पद पर किसे बैठाया गया?

(क) एस.आर. बोम्मई (ख) जयपाल रेड्डी

(ग) चंद्रशेखर (घ) देवीलाल

750. जनता दल से जब देवीलाल अलग हुए, तब उनके साथ कितने सांसद थे?

(क) 24 (ख) 34

(ग) 44 (घ) 54

751. जनता दल से टूटे देवीलालवाले धड़े का नाम क्या था?

(क) जनता दल (धर्मनिरपेक्ष) (ख) जनता दल (लोहियावादी)

(ग) जनता दल (समाजवादी) (घ) जनता दल (लोकतांत्रिक)

752. जनता दल से अलग हुए मुलायम सिंह यादव ने अपना जो दल बनाया, उसका नाम क्या रखा?

(क) जनता दल (मुलायम) (ख) समाजवादी पार्टी

(ग) समतावादी पार्टी (घ) लोकतांत्रिक पार्टी

753. जॉर्ज फर्नांडिस ने जनता दल से अलग होकर 'समता पार्टी' कब बनाई?

उत्तर के लिए कृपया पृष्ठ सं. 173 देखें।

(क) सन् 1992 (ख) सन् 1993
(ग) सन् 1994 (घ) सन् 1995

754. सन् 1995 में हवाला घोटाले में अपना नाम आ जाने के बाद जब एस.आर. बोम्मई को जनता दल का अध्यक्ष पद छोड़ना पड़ा, तब उनकी जगह पर कौन अध्यक्ष बना?
(क) शरद यादव (ख) रामकृष्ण हेगड़े
(ग) ह.डो. देवगौड़ा (घ) लालू प्रसाद

755. 5 जुलाई, 1997 को सत्रह सांसदों को लेकर किसने जनता दल से अलग होकर अपना नया दल बनाया?
(क) रामकृष्ण हेगड़े (ख) लालू प्रसाद
(ग) शरद यादव (घ) रामविलास पासवान

756. जनता दल से अलग होकर लालू प्रसाद ने जो नया दल बनाया, उसका नाम क्या रखा गया?
(क) बिहार जनता दल (ख) भारतीय जनता दल
(ग) जनता दल (लालू) (घ) राष्ट्रीय जनता दल

757. बाल ठाकरे ने शिवसेना की स्थापना किस वर्ष दशहरे के दिन की थी?
(क) सन् 1956 (ख) सन् 1966
(ग) सन् 1976 (घ) सन् 1986

758. संगठनात्मक चुनाव को लेकर शिवसेना और निर्वाचन आयोग में किस वर्ष तनातनी हुई थी?
(क) सन् 1995 (ख) सन् 1996
(ग) सन् 1997 (घ) सन् 1998

759. अकाली दल का अभ्युदय कब हुआ था?
(क) सन् 1920 (ख) सन् 1930
(ग) सन् 1960 (घ) सन् 1970

760. अकाली दल किस प्रदेश का एक क्षेत्रीय दल है?
(क) हरियाणा (ख) हिमाचल प्रदेश
(ग) पंजाब (घ) बिहार

761. द्रविड़ मुन्नेत्र कड़गम की स्थापना कब की गई थी?
(क) सन् 1949 (ख) सन् 1950

उत्तर के लिए कृपया पृष्ठ सं. 173 देखें।

(ग) सन् 1951 (घ) सन् 1952

762. द्रविड़ मुन्नेत्र कड़गम की स्थापना किसने की थी?

(क) एम.जी. रामचंद्रन (ख) सी.एन. अन्नादुरै

(ग) पेरियार ई.वी. रामासामी (घ) एम. करुणानिधि

763. द्रविड़ मुन्नेत्र कड़गम किस वर्ष तमिलनाडु (तब मद्रास) प्रदेश में सत्ता में आया?

(क) सन् 1965 (ख) सन् 1967

(ग) सन् 1975 (घ) सन् 1977

764. अन्ना द्रविड़ मुन्नेत्र कड़गम की स्थापना कब की गई?

(क) सन् 1970 (ख) सन् 1972

(ग) सन् 1974 (घ) सन् 1976

765. अन्ना द्रविड़ मुन्नेत्र कड़गम की स्थापना किसने की थी?

(क) जयललिता (ख) एम. करुणानिधि

(ग) एम.जी. रामचंद्रन (घ) जानकी रामचंद्रन

766. सोनिया गांधी के विदेशी होने को मुद्दा बनाकर कांग्रेस से अलग हुए शरद पवार, तारिक अनवर और पी.ए. संगमा ने जून 1999 में जो अपना अलग दल बनाया, उसका क्या नाम हैं?

(क) राष्ट्रवादी कांग्रेस पार्टी (ख) राष्ट्रवादी पार्टी

(ग) राष्ट्रीय कांग्रेस पार्टी (घ) लोकतांत्रिक कांग्रेस पार्टी

767. शेख अब्दुल्ला के नेतृत्ववाले दल का नाम क्या था?

(क) नेशनल कॉन्फ्रेंस (ख) नेशनल कॉन्फ्रेंस पार्टी

(ग) जे.के. कॉन्फ्रेंस (घ) नेशनलिस्ट कॉन्फ्रेंस

□

उत्तर के लिए कृपया पृष्ठ सं. 173 देखें।

23

दलीय स्थिति

768. स्वतंत्रता-प्राप्ति के बाद कांग्रेस नेताओं के व्यक्तित्व से प्रभावित देशवासियों ने पहली लोकसभा के लिए जब मत दिए, तब भी कांग्रेस के कुछ प्रत्याशियों की जमानत तक जब्त हो गई थी। उनकी संख्या कितनी थी?

(क) 3 (ख) 4

(ग) 5 (घ) 6

769. प्रथम लोकसभा चुनाव में कांग्रेस को कितनी सीटें मिली थीं?

(क) 337 (ख) 347

(ग) 357 (घ) 367

770. कांग्रेस ने अब तक सबसे ज्यादा संख्या (511) में अपने प्रत्याशी किस लोकसभा चुनाव में लड़ाए थे?

(क) पहली (1952) (ख) चौथी (1967)

(ग) सातवीं (1980) (घ) आठवीं (1984)

771. सन् 1977 में हुए छठी लोकसभा के चुनाव में यद्यपि उत्तरी और मध्य भारत में कांग्रेस का सूपड़ा साफ हो गया था, फिर भी उसके विजयी प्रत्याशियों की संख्या बहुत तुच्छ नहीं थी। वह संख्या कितनी थी?

(क) 150 (ख) 152

(ग) 154 (घ) 156

772. कांग्रेस को अब तक सबसे ज्यादा सीटें किस लोकसभा चुनाव में मिली थीं?

उत्तर के लिए कृपया पृष्ठ सं. 173 देखें।

(क) पहले (ख) पाँचवें
(ग) सातवें (घ) आठवें

773. प्रथम लोकसभा चुनाव में कांग्रेस के बाद सबसे अधिक संख्या में नामांकन पत्र किस दल के प्रत्याशियों ने भरे थे ?
(क) सोशलिस्ट पार्टी (ख) किसान मजदूर प्रजा पार्टी
(ग) कम्युनिस्ट पार्टी (घ) भारतीय जनसंघ

774. प्रथम लोकसभा चुनाव में कांग्रेस के बाद किस दल के प्रत्याशी सबसे अधिक संख्या में जीते थे ?
(क) भारतीय जनसंघ (ख) कम्युनिस्ट पार्टी
(ग) किसान मजदूर प्रजा पार्टी (घ) सोशलिस्ट पार्टी

775. सन् 1964 में हुए दलीय विभाजन के बाद सन् 1967 में हुए लोकसभा चुनाव में भारतीय कम्युनिस्ट पार्टी को पिछले (तीसरी लोकसभा के) चुनाव की तुलना में कितनी सीटें कम मिली थीं ?
(क) 2 (ख) 4
(ग) 6 (घ) 8

776. अपने (अस्तित्व में आने के बाद) प्रथम लोकसभा चुनाव (सन् 1967) में मार्क्सवादी कम्युनिस्ट पार्टी को कितनी सीटें मिली थीं ?
(क) 18 (ख) 19
(ग) 20 (घ) 21

777. भारतीय जनसंघ को प्रथम लोकसभा चुनाव में कम्युनिस्ट पार्टी की तुलना में कितने वैध मत मिले थे ?
(क) दोगुना (ख) लगभग बराबर
(ग) आधे (घ) चौथाई

778. दूसरी लोकसभा में भारतीय जनसंघ को पहली लोकसभा में मिले वैध मतों की तुलना में कितने वैध मत मिले थे ?
(क) लगभग बराबर (ख) लगभग दोगुने
(ग) आधे (घ) एक-तिहाई

779. प्रथम लोकसभा की तुलना में तीसरी लोकसभा में भारतीय जनसंघ को कितनी अधिक सीटें मिली थीं ?
(क) दोगुनी (ख) लगभग तिगुनी

उत्तर के लिए कृपया पृष्ठ सं. 173 देखें।

(ग) लगभग चौगुनी (घ) लगभग पाँचगुनी

780. चौथी लोकसभा के चुनाव में भारतीय जनसंघ को पैंतीस सीटें मिली थीं। यह संख्या प्रथम लोकसभा में इसे मिली सीटों की संख्या से कितनी अधिक थी?

(क) लगभग तीनगुनी (ख) लगभग छहगुनी

(ग) लगभग नौगुनी (घ) लगभग बारहगुनी

781. भारतीय जनसंघ का अस्तित्व पाँचवीं लोकसभा तक ही रहा। उसमें उसके कितने प्रत्याशी जीतकर आए थे?

(क) 12 (ख) 22

(ग) 32 (घ) 42

782. कांग्रेस से टूटकर बनी संगठन कांग्रेस ने पहली बार सन् 1971 में लोकसभा का मुँह देखा। उसमें उसके कितने सदस्य थे?

(क) 12 (ख) 14

(ग) 16 (घ) 18

783. छठी लोकसभा के लिए सन् 1977 में हुए चुनाव में 'जनता पार्टी' के नाम पर (संगठन कांग्रेस को छोड़कर) भारतीय लोक दल, भारतीय जनसंघ और सोशलिस्ट पार्टी को कितनी सीटें मिली थीं?

(क) 280 (ख) 285

(ग) 290 (घ) 295

784. सन् 1977 में 'जनता पार्टी' के नाम पर चुनाव लड़नेवालों को मिले वैध मत कुल वैध मतों के कितने प्रतिशत थे?

(क) 21.32 (ख) 31.32

(ग) 41.32 (घ) 51.32

785. पिछले सभी लोकसभा चुनावों की तुलना में भारतीय कम्युनिस्ट पार्टी के सबसे अधिक प्रत्याशियों की जमानत जब्त सन् 1977 में हुए चुनाव में ही हुई थी। यह संख्या कितनी थी?

(क) 62 (ख) 64

(ग) 66 (घ) 68

786. सन् 1977 में लोकसभा में शिखर पर रही जनता पार्टी (भालोद) ठीक बादवाली सातवीं लोकसभा (सन् 1980) में औंधे मुँह गिरी। उसमें उसके

उत्तर के लिए कृपया पृष्ठ सं. 173 देखें।

दोनों धड़ों (जनता पार्टी और जनता पार्टी सेक्युलर) को मिलाकर कुल कितनी सीटें मिली थीं ?

(क) 52 (ख) 62
(ग) 72 (घ) 82

787. सन् 1984 में आठवीं लोकसभा के चुनाव में कांग्रेस को 80 प्रतिशत सीटें मिल गई थीं। तब उसे कुल वैध मतों के कितने प्रतिशत मत मिले थे ?

(क) 39.10 (ख) 49.10
(ग) 69.10 (घ) 79.10

788. 'भारतीय जनसंघ' से 'भारतीय जनता पार्टी' के रूप में बने नए दल के कितने प्रत्याशियों ने आठवीं लोकसभा (सन् 1984) में कदम रखे ?

(क) 2 (ख) 12
(ग) 22 (घ) 32

789. भारतीय जनता पार्टी ने ठीक अगली, यानी नौवीं लोकसभा में जबरदस्त छलाँग लगाकर कुल कितनी सीटें पाने में सफलता पाई ?

(क) 65 (ख) 75
(ग) 85 (घ) 95

790. नौवीं लोकसभा (सन् 1989) में सबसे अधिक सीटें पाने के बावजूद कांग्रेस सत्ता से बाहर रही थी। तब उसे कितनी सीटें मिली थीं ?

(क) 167 (ख) 177
(ग) 187 (घ) 197

791. नवजात जनता दल ने नौवीं लोकसभा (सन् 1989) में कुल कितनी सीटें पाई थीं ?

(क) 134 (ख) 143
(ग) 314 (घ) 243

792. दसवीं लोकसभा (सन् 1991) में बहुमत नहीं मिलने के बावजूद कांग्रेस ने सरकार बना ली थी। तब उसे कितनी सीटें मिली थीं ?

(क) 212 (ख) 222
(ग) 232 (घ) 242

793. स्वतंत्रता-प्राप्ति के पश्चात् पहली बार ग्यारहवीं लोकसभा (सन् 1996) में इनमें से किस श्रेणी के दल बहुत अच्छी स्थिति में रहे ?

उत्तर के लिए कृपया पृष्ठ सं. 173 देखें।

(क) राष्ट्रीय दल (ख) राज्यीय दल

(ग) पंजीकृत दल (ध) निर्दलीय

794. ग्यारहवीं लोकसभा में राज्यीय दलों को कुल कितनी सीटें मिली थीं?

(क) 107 (ख) 117

(ग) 127 (घ) 137

795. स्वतंत्र भारत में पहली बार कांग्रेस के बराबर (लगभग 26 प्रतिशत) किसी दल को वैध मत बारहवीं लोकसभा में मिले। वह दल कौन सा था?

(क) भारतीय जनता पार्टी (ख) जनता दल

(ग) बहुजन समाज पार्टी (घ) समता पार्टी

796. भारतीय जनता पार्टी की अब तक की सबसे अच्छी उपलब्धि बारहवीं लोकसभा में ही रही। इसमें इसे कितनी सीटें मिली थीं?

(क) 180 (ख) 182

(ग) 184 (घ) 186

797. पाँच लोकसभाओं में साढ़े तीन सौ और एक लोकसभा में चार सौ से भी अधिक सीटें पानेवाली कांग्रेस की सबसे खराब स्थिति तेरहवीं लोकसभा में रही। इसमें उसे कितनी सीटों से संतोष करना पड़ा?

(क) 110 (ख) 112

(ग) 114 (घ) 116

798. स्वतंत्रता-प्राप्ति के बाद के पचास वर्षों में सिर्फ एक बार (सन् 1991 में) ऐसा हुआ कि एक दल के काफी (78) प्रत्याशियों ने चुनाव लड़े, मगर उनमें से एक भी जीत नहीं सका, बल्कि सबकी जमानत तक जब्त हो गई। वह कौन सा दल था?

(क) जनता पार्टी (ख) कांग्रेस एस.

(ग) लोक दल (घ) जनता दल

799. तेरहवीं लोकसभा में क्षेत्रीय दलों में से किस दल को सबसे अधिक (29) सीटें मिली थीं?

(क) अन्नाद्रमुक (ख) द्रमुक

(ग) शिवसेना (घ) तेलगु देशम पार्टी

□

उत्तर के लिए कृपया पृष्ठ सं. 173 व 174 देखें।

24

युद्ध

800. पानीपत का प्रथम युद्ध कब लड़ा गया था ?

(क) सन् 1520 (ख) सन् 1525

(ग) सन् 1526 (घ) सन् 1556

801. पानीपत का प्रथम युद्ध दिल्ली के सुलतान इब्राहिम लोदी और किस मुगल शासक के मध्य हुआ था ?

(क) शाहजहाँ (ख) बाबर

(ग) अकबर (घ) हुमायूँ

802. पानीपत के प्रथम युद्ध का परिणाम क्या रहा ?

(क) बाबर जीता (ख) लोदी जीता

(ग) लोदी बंदी बना (घ) दोनों में समझौता हुआ

803. पानीपत का द्वितीय युद्ध कब हुआ था ?

(क) सन् 1526 (ख) सन् 1536

(ग) सन् 1556 (घ) सन् 1566

804. पानीपत का द्वितीय युद्ध हेमू और किसके मध्य हुआ था ?

(क) आदिलशाह (ख) वाजिद अली शाह

(ग) बाबर (घ) बैरम खाँ

805. पानीपत के द्वितीय युद्ध का परिणाम क्या रहा ?

(क) बैरम खाँ जीता (ख) हेमू जीता

(ग) दोनों में समझौता हुआ (घ) हेमू भाग गया

उत्तर के लिए कृपया पृष्ठ सं. 174 देखें।

806. पानीपत का तृतीय युद्ध कब हुआ था ?

(क) सन् 1561 (ख) सन् 1661

(ग) सन् 1761 (घ) सन् 1771

807. पानीपत का तृतीय युद्ध मराठा सेनापति सदाशिव राव भाऊ तथा एक अफगान सेनानायक के मध्य हुआ था। उस सेनानायक का नाम क्या था ?

(क) नादिरशाह (ख) वाजिद अली शाह

(ग) सुजाउद्दौला (घ) अहमदशाह अब्दाली

808. पानीपत के तृतीय युद्ध का परिणाम क्या रहा ?

(क) भाऊ जीते (ख) अब्दाली जीता

(ग) समझौता हुआ (घ) नादिरशाह भागा

809. पानीपत का मैदान किस राज्य में है ?

(क) छत्तीसगढ़ (ख) हरियाणा

(ग) उत्तरांचल (घ) महाराष्ट्र

810. चौसा का युद्ध कब हुआ था ?

(क) सन् 1520 (ख) सन् 1530

(ग) सन् 1540 (घ) सन् 1550

811. चौसा का युद्ध शेरशाह और एक मुगल बादशाह के बीच हुआ था, जिसमें शेरशाह विजयी रहा था। पराजित मुगल बादशाह कौन था ?

(क) बाबर (ख) शाहजहाँ

(ग) हुमायूँ (घ) औरंगजेब

812. चौसा किस प्रदेश में है ?

(क) उत्तर प्रदेश (ख) बिहार

(ग) मध्य प्रदेश (घ) राजस्थान

813. बक्सर का युद्ध कब हुआ था ?

(क) सन् 1564 (ख) सन् 1674

(ग) सन् 1746 (घ) सन् 1764

814. बक्सर में अंग्रेजों का युद्ध संयुक्त सेना से हुआ था। उस संयुक्त सेना में इनमें से कौन नहीं था ?

(क) मीर कासिम (बिहार) (ख) शाह आलम (दिल्ली)

(ग) सुजाउद्दौला (घ) मल्हारराव होल्कर (मराठा)

उत्तर के लिए कृपया पृष्ठ सं. 174 देखें।

815. हल्दी घाटी का युद्ध कब हुआ था?
(क) सन् 1567 (ख) सन् 1576
(ग) सन् 1657 (घ) सन् 1665

816. हल्दी घाटी का युद्ध मेवाड़ के महाराणा प्रताप और किस मुगल बादशाह के मध्य हुआ था?
(क) अकबर (ख) शाहजहाँ
(ग) हुमायूँ (घ) औरंगजेब

817. महाराणा प्रताप का पूरा नाम क्या था?
(क) राणा प्रताप सिंह (ख) प्रताप सिंह
(ग) प्रताप सिंह जूदेव (घ) प्रताप राठौर

818. प्लासी का युद्ध कब हुआ था?
(क) सन् 1657 (ख) सन् 1757
(ग) सन् 1775 (घ) सन् 1857

819. प्लासी का युद्ध अंग्रेज सेनापति क्लाइव और बंगाल के एक सूबेदार के मध्य हुआ था। उस सूबेदार का नाम क्या था?
(क) सुजाउद्दौला (ख) नजीबउद्दौला
(ग) सिराजुद्दौला (घ) शाहपसंद खाँ

820. जम्मू एवं कश्मीर को लेकर भारत और पाकिस्तान के मध्य युद्ध कब प्रारंभ हुआ था?
(क) 3 सितंबर, 1947 (ख) 3 अक्तूबर, 1947
(ग) 21 अक्तूबर, 1947 (घ) 3 नवंबर, 1947

821. जम्मू एवं कश्मीर युद्ध के समय वहाँ के शासक कौन थे?
(क) सर हरि सिंह (ख) सर हीरा सिंह
(ग) हरीश सिंह (घ) कर्ण सिंह

822. जम्मू एवं कश्मीर के महाराजा द्वारा भारत में कश्मीर के विलय की विधिवत् घोषणा किए जाने के बाद भारतीय सेना की सिख रेजिमेंट की पहली बटालियन ने कश्मीर में प्रवेश कर दुश्मन को भौंचक कर दिया था। विलय की घोषणा कब की गई थी?
(क) 26 सितंबर, 1947 (ख) 6 अक्तूबर, 1947
(ग) 16 अक्तूबर, 1947 (घ) 26 अक्तूबर, 1947

उत्तर के लिए कृपया पृष्ठ सं. 174 देखें।

823. पाकिस्तान की सहायता से कबाइलियों ने भारतभूमि पर आक्रमण किया है— इस मामले को भारत सरकार ने सुरक्षा परिषद् में कब रखा?

(क) 1 जनवरी, 1948 (ख) 11 जनवरी, 1948

(ग) 21 जनवरी, 1948 (घ) 31 जनवरी, 1948

824. भारत-चीन युद्ध की शुरुआत कब हुई थी?

(क) सन् 1958 (ख) सन् 1959

(ग) सन् 1960 (घ) सन् 1961

825. चीन ने भारत पर युद्ध के लिए खुला आक्रमण कब किया?

(क) 10 सितंबर, 1962 (ख) 20 सितंबर, 1962

(ग) 10 अक्तूबर, 1962 (घ) 20 अक्तूबर, 1962

826. भारत-चीन युद्ध के दौरान भारत ने कई देशों से सहायता माँगी थी। उसी अवधि में 'चीन हमारा भाई है तथा भारत हमारा मित्र है' कहकर भारत को सहायता देने से अप्रत्यक्ष रूप से किस देश ने इनकार कर दिया था?

(क) ब्रिटेन (ख) रूस

(ग) अमेरिका (घ) फ्रांस

827. भारत से युद्ध के दौरान चीन ने नाटकीय ढंग से एकतरफा युद्ध की घोषणा कब की?

(क) 21 नवंबर, 1962 (ख) 22 नवंबर, 1962

(ग) 23 नवंबर, 1962 (घ) 24 नवंबर, 1962

828. सन् 1965 में पाकिस्तान ने भारत (कच्छ की सीमा) पर हमला कब किया?

(क) 9 अप्रैल, 1965 (ख) 10 अप्रैल, 1965

(ग) 19 अप्रैल, 1965 (घ) 29 अप्रैल, 1965

829. भारत ने पाकिस्तान की आक्रामक कार्यवाही के विरुद्ध संयुक्त राष्ट्र संघ में प्रस्ताव कब रखा?

(क) 11 अप्रैल, 1965 (ख) 12 अप्रैल, 1965

(ग) 13 अप्रैल, 1965 (घ) 14 अप्रैल, 1965

830. भारत और पाकिस्तान के मध्य अनवरत पूर्ण युद्ध कब शुरू हुआ?

(क) 1 सितंबर, 1965 (ख) 2 सितंबर, 1965

(ग) 3 सितंबर, 1965 (घ) 4 सितंबर, 1965

831. भारत-पाकिस्तान युद्ध को विराम कब दिया गया?

उत्तर के लिए कृपया पृष्ठ सं. 174 देखें।

(क) 21 सितंबर, 1965 (ख) 23 सितंबर, 1965
(ग) 25 सितंबर, 1965 (घ) 27 सितंबर, 1965

832. सन् 1965 में हुए भारत-पाकिस्तान युद्ध में (उस सस्ती के जमाने में) भारत को कितने रुपए खर्च करने पड़े?
(क) 42 करोड़ (ख) 48 करोड़
(ग) 52 करोड़ (घ) 62 करोड़

833. सन् 1971 में भारत और पाकिस्तान के बीच युद्ध किस तिथि को प्रारंभ हुआ था?
(क) 3 सितंबर (ख) 3 अक्तूबर
(ग) 3 नवंबर (घ) 3 दिसंबर

834. सन् 1971 में भारत और पाकिस्तान के बीच युद्ध कितने दिनों तक लड़ा गया था?
(क) 14 दिन (ख) 15 दिन
(ग) 16 दिन (घ) 17 दिन

835. सन् 1971 में हुए भारत-पाकिस्तान युद्ध के परिणामस्वरूप किस देश का उदय हुआ?
(क) भूटान (ख) बँगलादेश
(ग) म्याँमार (घ) श्रीलंका

836. करगिल क्षेत्र में भारत और पाकिस्तान के मध्य अघोषित युद्ध किस वर्ष हुआ था?
(क) सन् 1996 (ख) सन् 1997
(ग) सन् 1998 (घ) सन् 1999

837. करगिल संघर्ष को भारत ने कौन सा नाम दिया था?
(क) ऑपरेशन ब्लू स्टार (ख) ऑपरेशन ब्लड
(ग) ऑपरेशन विजय (घ) ऑपरेशन फ्लड

838. विश्व-प्रसिद्ध ट्राफलगर का युद्ध किस तरह का युद्ध था?
(क) सामुद्रिक (ख) आकाशीय
(ग) स्थलीय (घ) तीनों

839. ट्राफलगर का युद्ध ब्रिटिश नौसेना के एडमिरल नेल्सन तथा अन्य किस प्रसिद्ध हस्ती के मध्य हुआ था?

उत्तर के लिए कृपया पृष्ठ सं. 174 देखें।

(क) हिटलर (ख) मुसोलिनी
(ग) स्टालिन (घ) नेपोलियन

840. ट्राफलगर का युद्ध कब हुआ था?
(क) सन् 1800 (ख) सन् 1805
(ग) सन् 1810 (घ) सन् 1815

841. ट्राफलगर के युद्ध का परिणाम क्या रहा?
(क) नेपोलियन हारा (ख) नेल्सन हारा
(ग) नेल्सन भाग गया (घ) समझौता हुआ

842. वाटरलू का युद्ध कब हुआ था?
(क) सन् 1814 (ख) सन् 1815
(ग) सन् 1816 (घ) सन् 1817

843. वाटरलू का युद्ध अंग्रेज सेनानायक वेलिंग्टन तथा किसके मध्य हुआ था?
(क) लुई अठारहवें (ख) हिटलर
(ग) नेपोलियन (घ) स्तालिन

844. वाटरलू के युद्ध का परिणाम क्या रहा?
(क) नेपोलियन द्वारा आत्मसमर्पण
(ख) वेलिंग्टन हारा
(ग) लुई हारा
(घ) समझौता

845. रूस एवं जापान के बीच का प्रसिद्ध युद्ध कब हुआ था?
(क) सन् 1904-5 (ख) सन् 1914-15
(ग) सन् 1915-16 (घ) सन् 1924-25

846. रूस एवं जापान के मध्य हुआ युद्ध किस तरह का था?
(क) आकाशीय (ख) सामुद्रिक
(ग) स्थलीय (घ) तीनों

847. प्रथम विश्वयुद्ध कब से कब तक हुआ था?
(क) सन् 1904-8 (ख) सन् 1914-18
(ग) सन् 1915-18 (घ) सन् 1914-19

848. प्रथम विश्वयुद्ध में यूरोप के प्रमुख दो गुट भाग ले रहे थे, जिनमें से एक का नाम तो 'केंद्रीय शक्ति' था, दूसरे का नाम क्या था?

उत्तर के लिए कृपया पृष्ठ सं. 174 देखें।

(क) मित्र शक्ति (ख) क्षेत्रीय शक्ति
(ग) सहयोगी राष्ट्र (घ) मित्र राष्ट्र

849. प्रथम विश्वयुद्ध ऑस्ट्रिया द्वारा किस देश पर आक्रमण करने के साथ प्रारंभ हुआ?
(क) इटली (ख) सर्बिया
(ग) जापान (घ) फ्रांस

850. प्रथम विश्वयुद्ध में कितने लोग मारे गए थे?
(क) 30 लाख (ख) 80 लाख
(ग) 1 करोड़ 30 लाख (घ) 2 करोड़ 30 लाख

851. द्वितीय विश्वयुद्ध की अवधि क्या थी?
(क) सन् 1935-39 (ख) सन् 1939-45
(ग) सन् 1949-55 (घ) सन् 1954-60

852. द्वितीय विश्वयुद्ध में विभिन्न देश दो गुटों में बँट गए थे, जिनमें से एक का नाम तो 'मित्र राष्ट्र' था, दूसरे गुट का नाम क्या था?
(क) केंद्रीय राष्ट्र (ख) सबल राष्ट्र
(ग) सम्मिलित राष्ट्र (घ) धुरी राष्ट्र

853. 'धुरी राष्ट्र' में इनमें से कौन राष्ट्र शामिल नहीं था?
(क) जर्मनी (ख) जापान
(ग) ब्रिटेन (घ) इटली

854. द्वितीय विश्वयुद्ध में धुरी राष्ट्र के विरोधी गुट में इनमें से कौन राष्ट्र शामिल नहीं था?
(क) रूस (ख) अमेरिका
(ग) ब्रिटेन (घ) बँगलादेश

855. द्वितीय विश्वयुद्ध के दौरान अगस्त 1945 में हिरोशिमा और नागासाकी शहरों पर अणु बम किस देश ने गिराए थे?
(क) ब्रिटेन (ख) फ्रांस
(ग) अमेरिका (घ) चीन

856. द्वितीय विश्वयुद्ध में कितने लोग मारे गए थे?
(क) 1 करोड़ (ख) 3 करोड़
(ग) 5 करोड़ (घ) 7 करोड़

उत्तर के लिए कृपया पृष्ठ सं. 174 देखें।

857. अरब-इजराइल युद्ध कब से कब तक चलता रहा ?

(क) सन् 1943-88　　(ख) सन् 1948-93

(ग) सन् 1953-88　　(घ) सन् 1953-93

858. इजराइल की स्थापना से लेकर अब तक हर दशक में अरब और इजराइल में कम-से-कम कितने युद्ध अवश्य हुए हैं ?

(क) 1　　(ख) 2

(ग) 3　　(घ) 4

859. ईरान और इराक के मध्य युद्ध कब से कब तक हुआ है ?

(क) सन् 1980-88　　(ख) सन् 1980-90

(ग) सन् 1988-90　　(घ) सन् 1990-98

860. ईरान और इराक के मध्य हुए युद्ध का मुख्य कारण क्या रहा है ?

(क) रेल　　(ख) खेल

(ग) जेल　　(घ) तेल

861. वह ऐसा कौन सा देश था, जिसने ईरान-इराक युद्ध के दौरान इराक को भरपूर आर्थिक सहायता प्रदान की, मगर जब वह राशि वापस करने का समय आया तो इराक ने उस देश को ही अपने अधीन करने की विफल चेष्टा की ?

(क) सऊदी अरब　　(ख) कुवैत

(ग) बहरीन　　(घ) ओमान

862. खाड़ी युद्ध अमेरिका और किसके मध्य हुआ था ?

(क) ईरान　　(ख) कुवैत

(ग) इराक　　(घ) सऊदी अरब

863. खाड़ी युद्ध के समय अमेरिका के राष्ट्रपति कौन थे ?

(क) रिचर्ड निक्सन　　(ख) रोनाल्ड रीगन

(ग) बिल क्लिंटन　　(घ) जॉर्ज बुश (सीनियर)

864. खाड़ी संकट की शुरुआत तो अगस्त 1990 में ही हो गई थी, लेकिन 17 जनवरी, 1991 से दिखने लगा इसका विकट रूप कितने दिनों तक अक्षुण्ण रहा ?

(क) 22 दिन　　(ख) 32 दिन

(ग) 42 दिन　　(घ) 52 दिन　□

उत्तर के लिए कृपया पृष्ठ सं. 174 देखें।

25

समझौता

865. सन् 1947-48 में भारत और पाकिस्तान के मध्य जो युद्ध हुआ था, उसके विराम का समझौता कब लागू हुआ था?

(क) 1 दिसंबर, 1948 (ख) 10 दिसंबर, 1948

(ग) 1 जनवरी, 1949 (घ) 10 जनवरी, 1949

866. सन् 1947-48 में भारत और पाकिस्तान के मध्य युद्ध-विराम का समझौता किसके प्रयत्नों से हुआ था?

(क) रूस (ख) अमेरिका

(ग) इंटरपोल (घ) संयुक्त राष्ट्र संघ

867. भारत की स्वतंत्रता-प्राप्ति के कुछ ही वर्षों बाद तिब्बत और चीन के मध्य एक समझौता हुआ था, जिसके तहत चीन ने तिब्बत को एक स्वायत्त शासन और वहाँ भारतीय हितों के संरक्षण का आश्वासन दिया था। यह समझौता कब हुआ था?

(क) 23 मई, 1949 (ख) 23 मई, 1950

(ग) 23 मई, 1951 (घ) 23 मई, 1952

868. तिब्बत के साथ किए गए अपने समझौते को भंग करते हुए चीन ने तिब्बत की राजधानी ल्हासा में अपना सैन्य मुख्यालय कब स्थापित किया था?

(क) अगस्त 1951 (ख) फरवरी 1952

(ग) अगस्त 1952 (घ) फरवरी 1953

869. भारत और चीन के मध्य 'पंचशील समझौता' कब हुआ था?

उत्तर के लिए कृपया पृष्ठ सं. 174 व 175 देखें।

(क) 29 अप्रैल, 1954 (ख) 29 मई, 1954

(ग) 29 जून, 1954 (घ) 29 जुलाई, 1954

870. चीन द्वारा भारत पर किए गए हमले के पूर्व भारत के अनवरत शांति प्रयासों के परिणामस्वरूप तत्कालीन चीनी प्रधानमंत्री चाऊ-एन-लाई दिल्ली आए और लंबी शांति-वार्त्ता चली, मगर कोई समझौता नहीं हो सका। चाऊ-एन-लाई दिल्ली कब आए थे?

(क) अप्रैल 1960 (ख) मई 1961

(ग) जून 1962 (घ) जुलाई 1963

871. चीन ने कब पाकिस्तान से एक समझौता करके कराकोरम के उत्तर में कश्मीर का लगभग 300 वर्ग मील क्षेत्र अपने अधिकार में कर लिया?

(क) जनवरी 1961 (ख) मई 1962

(ग) सितंबर 1962 (घ) मई 1963

872. कश्मीर समस्या के समाधान के लिए सन् 1963 में भारत और पाकिस्तान के विदेश मंत्रियों की कितनी बैठकें हुईं, जिनके बावजूद कोई समझौता नहीं हो सका?

(क) 2 (ख) 4

(ग) 6 (घ) 8

873. 30 जून, 1965 को भारत-पाकिस्तान के मध्य युद्ध-विराम समझौता, जिसके अंतर्गत विवादास्पद कच्छ क्षेत्र अंतरराष्ट्रीय न्यायमंडल को सौंप दिया गया, किस देश की सरकार की मध्यस्थता में हुआ?

(क) रूस (ख) अमेरिका

(ग) ब्रिटेन (घ) चीन

874. सन् 1965 के भारत-पाकिस्तान युद्ध के बाद ताशकंद समझौता कब हुआ था?

(क) 2 अक्तूबर, 1965 (ख) 10 जनवरी, 1966

(ग) 11 जनवरी, 1966 (घ) 12 जनवरी, 1966

875. 'ताशकंद समझौता' कहाँ हुआ था?

(क) भारत (ख) पाकिस्तान

(ग) रूस (घ) चीन

876. प्लासी के युद्ध के दौरान 9 फरवरी, 1757 को बंगाल के किस स्थान पर

उत्तर के लिए कृपया पृष्ठ सं. 175 देखें।

नवाब सिराजुद्दौला तथा अंग्रेज सेनापति क्लाइव के मध्य समझौता हुआ था?

(क) कलकत्ता (ख) अलीपुर

(ग) आसनसोल (घ) आरामबाग

877. रूस एवं जापान के मध्य हुआ युद्ध (1904-5) 29 अगस्त, 1905 को किस देश के हस्तक्षेप के परिणामस्वरूप हुए 'पोट्र्स माउथ समझौता' के साथ समाप्त हो गया?

(क) ब्रिटेन (ख) अमेरिका

(ग) चीन (घ) फ्रांस

878. द्वितीय विश्वयुद्ध के दौरान 27 सितंबर, 1940 को बर्लिन में हुई 'त्रिशक्ति संधि' में इनमें से किस देश ने भाग नहीं लिया था?

(क) जर्मनी (ख) रूस

(ग) जापान (घ) इटली

879. अरब-इजराइल युद्ध के दौरान 8 अगस्त,1970 को हुआ 'युद्धबंदी समझौता' इनमें से किस देश के मध्य नहीं हुआ था?

(क) सीरिया (ख) जॉर्डन

(ग) मिस्र (घ) इजराइल

880. अरब-इजराइल युद्ध के दौरान तीन शासनाध्यक्षों की कैंप डेविड शिखर वार्त्ता (जो विफल रही) में इनमें से कौन सम्मिलित नहीं थे?

(क) जिमी कॉर्टर (ख) कैनेथ कोंडा

(ग) बेगिन (घ) अनवर सादात

881. फिलिस्तीन एवं इजराइल के मध्य एक ऐतिहासिक स्तर का समझौता सन् 1993 में किस तिथि को हुआ था?

(क) 9 अगस्त (ख) 9 सितंबर

(ग) 9 अक्तूबर (घ) 9 नवंबर

882. ताशकंद समझौते के ठीक अगले दिन भारत के किस नेता का निधन हो गया था?

(क) के. कामराज (ख) सरदार वल्लभभाई पटेल

(ग) कृष्ण मेनन (घ) लाल बहादुर शास्त्री

883. ईरान और इराक के मध्य 'शत अल अरब' (लगभग सौ किलोमीटर लंबे

उत्तर के लिए कृपया पृष्ठ सं. 175 देखें।

सँकरे जलमार्ग) को लेकर उपजे आपसी मतभेद को समाप्त करने के लिए 6 मार्च, 1975 को जो समझौता हुआ था, उसे किस नाम से जाना जाता है?

(क) अल्जीरिया समझौता (ख) तेहरान समझौता
(ग) बगदाद समझौता (घ) कुवैत समझौता

884. ईरान और इराक के मध्य 'शत अल अरब' के मुद्दे पर हुए समझौते को कुछ ही वर्ष बाद समाप्त करने की घोषणा इराक के राष्ट्रपति सद्दाम हुसैन ने कर दी। ईरान-इराक युद्ध का एक प्रमुख कारण बनी यह घोषणा किस वर्ष की गई थी?

(क) सन् 1978 (ख) सन् 1979
(ग) सन् 1980 (घ) सन् 1981

885. ईरान-इराक के मध्य सात वर्षों से होते आ रहे युद्ध को रोकने के लिए जुलाई 1987 में संयुक्त राष्ट्र संघ में प्रस्ताव संख्या-598 के पारित होने के कितने समय बाद ईरान-इराक युद्ध समाप्त हुआ?

(क) 8 माह (ख) 9 माह
(ग) 1 वर्ष (घ) 1 वर्ष 1 माह

886. शिमला समझौते में भारत की तत्कालीन प्रधानमंत्री इंदिरा गांधी के साथ पाकिस्तान के किस व्यक्ति ने बातचीत की थी?

(क) जुल्फिकार अली भुट्टो (ख) अयूब खाँ
(ग) याहिया खाँ (घ) टिक्का खाँ

887. भारत के प्रधानमंत्री अटल बिहारी वाजपेयी और पाकिस्तान के राष्ट्रपति परवेज मुशर्रफ के बीच शिखर वार्त्ता (जो विफल हो गई) कब हुई थी?

(क) 14-15 जून, 2001 (ख) 14-15 जुलाई, 2001
(ग) 15-16 जुलाई, 2001 (घ) 15-16 अगस्त, 2001

888. वाजपेयी-मुशर्रफ शिखर वार्त्ता कहाँ हुई थी?

(क) नई दिल्ली (ख) इसलामाबाद
(ग) लाहौर (घ) आगरा

□

उत्तर के लिए कृपया पृष्ठ सं. 175 देखें।

26

चर्चित कथन

889. सन् 1939 में कांग्रेस के त्रिपुरी अधिवेशन में अध्यक्ष के चुनाव में सुभाषचंद्र बोस द्वारा पट्टाभि सीतारामैया को हरा देने पर 'पट्टाभि की हार मेरी हार है'—किसने कहा था?

(क) मोतीलाल नेहरू (ख) जवाहरलाल नेहरू

(ग) महात्मा गांधी (घ) डॉ. राजेंद्र प्रसाद

890. 'जिंदा कौमें पाँच साल तक इंतजार नहीं करतीं।' यह किसका कथन है?

(क) आचार्य नरेंद्र देव (ख) अच्युत पटवर्द्धन

(ग) राममनोहर लोहिया (घ) जयप्रकाश नारायण

891. 'यह हमेशा याद रखा जाए कि सत्ताईस करोड़ आदमी तीन आने रोज के खर्च पर आज जिंदगी चला रहे हैं, जबकि प्रधानमंत्री (नेहरू) के कुत्ते पर तीन रुपए रोज खर्च करना पड़ता है।' सातवें दशक के प्रारंभ में संसद् में दिए गए किस नेता के प्रथम भाषण का यह बहुचर्चित अंश है?

(क) मधु लिमये (ख) जॉर्ज फर्नांडिस

(ग) पीलू मोदी (घ) राममनोहर लोहिया

892. 'मुझे डिक्टेटरशिप पसंद है, लेकिन हिटलर जैसी नहीं।' प. जर्मनी के एक अखबार को दिए गए साक्षात्कार के दौरान यह किसने कहा था?

(क) इंदिरा गांधी (ख) संजय गांधी

(ग) बंसीलाल (घ) अब्दुल गफूर

893. 'विनाशकाले विपरीत बुद्धिः'—आपत्काल लागू होने के तुरत बाद इंदिरा

उत्तर के लिए कृपया पृष्ठ सं. 175 देखें।

गांधी पर किसने यह टिप्पणी की थी?

(क) जयप्रकाश नारायण (ख) चंद्रशेखर

(ग) जे.बी. कृपलानी (घ) चौधरी चरण सिंह

894. जिस तरह नाजी नौजवानों को शपथ दिलाई जाती थी—'एडॉल्फ हिटलर ही जर्मनी है और जर्मनी ही एडॉल्फ हिटलर है', उसी तरह आपत्काल लागू होने के ठीक पहले 'इंदिरा ही भारत है और भारत ही इंदिरा है' किसने कहा था?

(क) संजय गांधी (ख) यशपाल कपूर

(ग) देवकांत बरुआ (घ) बंसीलाल

895. आपत्काल में देश भर में सार्वजनिक स्थानों पर किसके नाम के साथ 'आपत्काल अनुशासन पर्व है' उक्ति लिखी रहती थी?

(क) दादा धर्माधिकारी (ख) विनोबा भावे

(ग) शंकराचार्य (घ) आचार्य रजनीश

896. "आज देश में सत्ता के दलाल इस तरह बढ़ गए हैं कि हम ऊपर से एक रुपया भेजते हैं, तो नीचे के लोगों तक पंद्रह पैसे ही पहुँच पाते हैं।"—यह चर्चित कथन किस प्रधानमंत्री का है?

(क) मोरारजी देसाई (ख) राजीव गांधी

(ग) विश्वनाथ प्रताप सिंह (घ) ह.डो. देवगौड़ा

897. "हमारे देश के मतदाता बालू के ढेर की तरह हैं। इन कणों (लोगों) की संख्या करोड़ों में है, लेकिन ये सभी अलग-अलग हैं।" यह सटीक उक्ति किसकी है?

(क) राममनोहर लोहिया (ख) प्रकाशवीर शास्त्री

(ग) जयप्रकाश नारायण (घ) बाला साहब देवरस

898. 'अटल बिहारी वाजपेयी मुखौटा हैं।' चर्चित हो चुका यह कथन किसका है?

(क) सोनिया गांधी (ख) हरिकिशन सिंह सुरजीत

(ग) कल्याण सिंह (घ) गोविंदाचार्य

899. नेताजी सुभाषचंद्र बोस को 'तोजो का कुत्ता' किस दल ने कहा था?

(क) कम्युनिस्ट पार्टी (ख) कांग्रेस

(ग) जनसंघ (घ) सोशलिस्ट पार्टी

उत्तर के लिए कृपया पृष्ठ सं. 175 देखें।

900. ''जयप्रकाश नारायण को अंतिम मुकाम (मृत्यु) तक पहुँचा दिया जाएगा।'' जयप्रकाश आंदोलन के दौरान यह किसने कहा था?

(क) इंदिरा गांधी (ख) बंसीलाल

(ग) संजय गांधी (घ) अब्दुल गफूर

901. 'हमें देखना है', 'हम देख रहे हैं', 'हम देखेंगे' वाक्यांशों का प्रयोग कौन नेता प्राय: अपने भाषण में किया करते थे?

(क) लाल बहादुर शास्त्री (ख) मोरारजी देसाई

(ग) विश्वनाथ प्रताप सिंह (घ) राजीव गांधी

902. 'पाकिस्तान कहता है कि कश्मीर बिना पाकिस्तान अधूरा है, तो हम भी उससे यह कहना चाहते हैं—पाकिस्तान बिना भारत अधूरा है।' अपने भाषणों में यह बात प्राय: कौन नेता कहा करते थे?

(क) श्यामा प्रसाद मुखर्जी (ख) बलराज मधोक

(ग) अटल बिहारी वाजपेयी (घ) दीनदयाल उपाध्याय

903. 'यदि हमें हिंसा और अहिंसा में से किसी एक को चुनना हो तो हम अहिंसा को चुनेंगे, किंतु अगर हमें हिंसा और कायरता में से किसी एक को चुनना हो तो हम हिंसा को चुनेंगे।' यह किसने कहा है?

(क) महात्मा गांधी (ख) गोपाल कृष्ण गोखले

(ग) जयप्रकाश नारायण (घ) सुभाषचंद्र बोस

904. 'जब कोई बड़ा पेड़ गिरता है तो जमीन काँपती ही है।' इंदिरा गांधी की हत्या के बाद सिखों के राष्ट्रव्यापी कत्लेआम के पक्ष में यह टिप्पणी किसने की थी?

(क) हरिकिशन लाल भगत (ख) राजीव गांधी

(ग) सज्जन कुमार (घ) जगदीश टाइटलर

905. 'हाँ, मैं अपना पेशाब पीता हूँ; मगर दवा के रूप में।' यह स्वीकारोक्ति किसकी है?

(क) राजनारायण (ख) मोरारजी देसाई

(ग) कल्पनाथ राय (घ) के.के. तिवारी

906. 'चरण सिंहजी राम हैं और मैं उनका हनुमान हूँ।' यह चर्चित उक्ति किसकी है?

(क) अजित सिंह (ख) राजनारायण

उत्तर के लिए कृपया पृष्ठ सं. 175 देखें।

(ग) श्यामनंदन मिश्र (घ) रामनरेश यादव

907. 'अटलजी मेरे गुरु हैं।' यह किसने कहा था?

(क) सीताराम केसरी (ख) पी.वी. नरसिंह राव

(ग) शरद पवार (घ) सुखराम

□

उत्तर के लिए कृपया पृष्ठ सं. 175 देखें।

27

लेखन

908. 'गीता रहस्य' के लेखक कौन हैं?

(क) महात्मा गांधी | (ख) बाल गंगाधर तिलक
(ग) डॉ. राजेंद्र प्रसाद | (घ) सर्वपल्ली राधाकृष्णन

909. इंदिरा गांधी के जीवन पर आधारित पुस्तक किसने लिखी है?

(क) आर.के. धवन | (ख) सुधाकर पांडेय
(ग) कैथरीन फ्रैंक | (घ) इनमें से कोई नहीं

910. 'वेक ऑफ इंडिया' की लेखिका कौन थीं?

(क) सरोजिनी नायडू | (ख) एलिजाबेथ
(ग) पद्मजा नायडू | (घ) एनी बेसेंट

911. 'इंडिया डिवाइडेड' के लेखक कौन हैं?

(क) जवाहरलाल नेहरू | (ख) डॉ. राजेंद्र प्रसाद
(ग) रफी अहमद किदवई | (घ) डॉ. सच्चिदानंद सिन्हा

912. 'जय सोमनाथ' को किसने लिखा है?

(क) डॉ. राजेंद्र प्रसाद | (ख) एन.वी. गाडगिल
(ग) कमलापति त्रिपाठी | (घ) के.एम. मुंशी

913. 'आउटसाइडर' किसकी रचना है?

(क) सर्वपल्ली राधाकृष्णन | (ख) के. कामराज
(ग) राजगोपालाचारी | (घ) पी.वी. नरसिंह राव

914. 'मेरी इक्यावन कविताएँ' किसकी कृति है?

उत्तर के लिए कृपया पृष्ठ सं. 175 देखें।

(क) विश्वनाथ प्रताप सिंह (ख) अटल बिहारी वाजपेयी
(ग) बालकवि वैरागी (घ) शांता कुमार

915. 'सत्ता का सच' पुस्तक किसने लिखी है ?
(क) क.मा. मुंशी (ख) वसंत साठे
(ग) नरहरि विष्णु गाडगिल (घ) कुलदीप नैयर

916. 'नजरबंद लोकतंत्र' नामक पुस्तक के लेखक कौन हैं ?
(क) राम मनोहर लोहिया (ख) जयप्रकाश नारायण
(ग) लालकृष्ण आडवाणी (घ) अटल बिहारी वाजपेयी

□

उत्तर के लिए कृपया पृष्ठ सं. 175 देखें।

28

अंतरराष्ट्रीय संगठन

917. अमेरिकी राष्ट्रपति वुडरो विल्सन ने किस वर्ष शांति के अपने चौदह सूत्री कार्यक्रम में (संयुक्त राष्ट्र संघ) की रूपरेखावाला एक अंतरराष्ट्रीय संगठन बनाने का सुझाव दिया था?

(क) सन् 1916 (ख) सन् 1917

(ग) सन् 1918 (घ) सन् 1919

918. किस युद्ध के पश्चात् एक गैर-सरकारी प्रभावशाली अंतरराष्ट्रीय संगठन बनाने की जरूरत विश्व के नेतागण अधिक शिद्दत से महसूस करने लगे?

(क) प्रथम विश्वयुद्ध (ख) वाटरलू का युद्ध

(ग) सिद्दी बैरानी का युद्ध (घ) द्वितीय विश्वयुद्ध

919. किस वर्ष तीन राष्ट्रों के नेताओं ने एक सम्मेलन में 'संयुक्त राष्ट्र संघ' की स्थापना का निर्णय लिया?

(क) फरवरी 1942 (ख) फरवरी 1943

(ग) फरवरी 1944 (घ) फरवरी 1945

920. संयुक्त राष्ट्र संघ की स्थापना का निर्णय लेनेवाले तीन बड़े नेताओं में इनमें से कौन नहीं थे?

(क) चाऊ-एन-लाई (ख) चर्चिल

(ग) रूजवेल्ट (घ) स्तालिन

921. प्रस्तावित संगठन के चार्टर को तैयार करने के लिए सन् 1945 में 25

उत्तर के लिए कृपया पृष्ठ सं. 175 देखें।

अप्रैल से 26 जून तक सम्मेलन कहाँ आयोजित किया गया था ?

(क) वाशिंगटन (ख) न्यूयॉर्क

(ग) सैन फ्रांसिस्को (घ) एडिनबरा

922. प्रस्तावित संगठन के चार्टर पर 26 जून, 1945 को कितने देशों ने हस्ताक्षर किए ?

(क) 40 (ख) 50

(ग) 60 (घ) 70

923. संयुक्त राष्ट्र संघ का चार्टर कब से लागू माना गया ?

(क) 26 जून, 1945 (ख) 25 जुलाई, 1945

(ग) 24 सितंबर, 1945 (घ) 24 अक्तूबर, 1945

924. संयुक्त राष्ट्र संघ ने अपना मुख्य क्षेत्र किसे निर्धारित किया ?

(क) विश्व-शांति (ख) मानवाधिकार

(ग) शिक्षा (घ) अन्न-भंडारण

925. संयुक्त राष्ट्र संघ का कौन सा पद सर्वाधिक महत्त्वपूर्ण होता है ?

(क) अध्यक्ष (ख) निदेशक

(ग) महासचिव (घ) संयुक्त सचिव

926. इनमें से कौन कभी संयुक्त राष्ट्र संघ के महासचिव नहीं रहे ?

(क) ट्रिग्वेली (ख) जुआन ऑण्टोनियो सामरंच

(ग) बुतरस घाली (घ) जेवियर पेरेज द कुएलार

927. संयुक्त राष्ट्र संघ का मुख्यालय कहाँ स्थित है ?

(क) न्यूयॉर्क (ख) वाशिंगटन

(ग) पेरिस (घ) मास्को

928. संयुक्त राष्ट्र संघ भवन के क्षेत्र में कौन बिना अनुमति के प्रवेश नहीं कर सकता ?

(क) विधिवेत्ता (ख) नेता

(ग) पुलिसकर्मी (घ) पत्रकार

929. संयुक्त राष्ट्र संघ में कुल (मुख्यालय तथा विभिन्न देशों में) कितने कर्मचारी कार्यरत हैं ?

(क) 5,000 से अधिक (ख) 10,000 से अधिक

(ग) 15,000 से अधिक (घ) 20,000 से अधिक

उत्तर के लिए कृपया पृष्ठ सं. 175 देखें।

930. संयुक्त राष्ट्र संघ में कितनी भाषाओं में कार्य किए जाते हैं ?

(क) 4 (ख) 5

(ग) 6 (घ) 7

931. इनमें से कौन संयुक्त राष्ट्र संघ मुख्यालय में नहीं है ?

(क) सुरक्षा परिषद् हॉल (ख) सचिवालय भवन

(ग) मैजिक हॉल (घ) जनरल असेंबली हॉल

932. 'राष्ट्रकुल दिवस' प्रतिवर्ष कब मनाया जाता है ?

(क) 24 मई (ख) 25 मई

(ग) 26 मई (घ) 27 मई

933. किस वर्ष 'इंपीरियल कॉन्फ्रेंस' में राष्ट्रकुल की परिकल्पना की गई थी ?

(क) सन् 1924 (ख) सन् 1925

(ग) सन् 1926 (घ) सन् 1927

934. 'इंपीरियल कॉन्फ्रेंस' कहाँ आयोजित हुआ था ?

(क) न्यूयॉर्क (ख) लंदन

(ग) पेरिस (घ) बर्लिन

935. राष्ट्रकुल किस वर्ष पूर्ण रूप से अस्तित्व में आया ?

(क) सन् 1936 (ख) सन् 1937

(ग) सन् 1946 (घ) सन् 1947

936. राष्ट्रकुल के सदस्य देशों में राष्ट्रीय प्रतिनिधि को क्या कहा जाता है ?

(क) राजदूत (ख) उच्चदूत

(ग) उच्चायुक्त (घ) राजपाल

937. राष्ट्रकुल का सम्मेलन कितने वर्षों के अंतराल पर होता है ?

(क) 2 (ख) 4

(ग) 5 (घ) 6

938. भारत ने किस वर्ष राष्ट्रकुल सम्मेलन की मेजबानी की थी ?

(क) सन् 1975 (ख) सन् 1980

(ग) सन् 1983 (घ) सन् 1984

939. भारत का कौन सा पड़ोसी देश लगभग पच्चीस वर्षों तक राष्ट्रकुल से बाहर रहा ?

(क) पाकिस्तान (ख) श्रीलंका

उत्तर के लिए कृपया पृष्ठ सं. 175 व 176 देखें।

(ग) बँगलादेश (घ) नेपाल

940. किसके सदस्य देशों द्वारा 'यूनेस्को' की स्थापना की गई?

(क) राष्ट्रकुल (ख) संयुक्त राष्ट्र संघ

(ग) गुटनिरपेक्ष आंदोलन (घ) दक्षेस

941. 'यूनेस्को' की स्थापना कब की गई थी?

(क) सन् 1940 (ख) सन् 1945

(ग) सन् 1950 (घ) सन् 1955

942. 'यूनेस्को' का मुख्यालय कहाँ है?

(क) टोकियो (ख) लंदन

(ग) न्यूयॉर्क (घ) पेरिस

943. 'यूनेस्को' का संबंध इनमें से किससे नहीं है?

(क) शिक्षा (ख) अभिनय

(ग) विज्ञान (घ) संस्कृति

944. 'यूनेस्को' किसकी एजेंसी के रूप में कार्य करता है?

(क) इंटरपोल (ख) विश्व बैंक

(ग) संयुक्त राष्ट्र संघ (घ) राष्ट्रकुल

945. 'यूनेस्को' का संविधान कब से लागू हुआ?

(क) 4 नवंबर, 1945 (ख) 4 नवंबर, 1946

(ग) 4 नवंबर, 1947 (घ) 4 नवंबर, 1948

946. 'यूनेस्को' के सदस्य देशों का सम्मेलन कितने वर्ष बाद होता है?

(क) 2 (ख) 3

(ग) 4 (घ) 5

□

उत्तर के लिए कृपया पृष्ठ सं. 176 देखें।

29

विविध

947. अंग्रेजों द्वारा सुझाए गए 'भारत का विभाजन' के प्रस्ताव को भारतीय नेताओं ने कब स्वीकार किया था?

(क) 3 अप्रैल, 1947 (ख) 3 मई, 1947

(ग) 3 जून, 1947 (घ) 3 जुलाई, 1947

948. विश्व की प्रथम महिला प्रधानमंत्री कौन थीं?

(क) मार्ग्रेट थैचर (ख) इंदिरा गांधी

(ग) गोल्डा मायर (घ) सिरिमाओ भंडारनायके

949. किस देश में प्रतिवर्ष शासनाध्यक्ष (राष्ट्रपति) चुना जाता है?

(क) स्विट्जरलैंड (ख) सिंगापुर

(ग) इथोपिया (घ) सूरीनाम

950. किस नेता ने अपने मंत्रित्वकाल में भारत में डिजिटल हस्ताक्षर को कानूनी जामा पहनाया?

(क) विद्याचरण शुक्ल (ख) प्रमोद महाजन

(ग) अर्जुन सिंह (घ) पी. चिदंबरम

951. सबसे पहले किस नेता को 'भारत-रत्न' से सम्मानित किया गया था?

(क) डॉ. सर्वपल्ली राधाकृष्णन (ख) जवाहरलाल नेहरू

(ग) इंदिरा गांधी (घ) एम.जी. रामचंद्रन

952. लोकसभा और विधानसभा के चुनावों से संबद्ध विवादों का हल करने के लिए चुनाव ट्रिब्यूनल का गठन कौन करता है?

उत्तर के लिए कृपया पृष्ठ सं. 176 देखें।

(क) संसद्	(ख) सर्वोच्च न्यायालय
(ग) राष्ट्रपति	(घ) निर्वाचन आयोग

953. इनमें से कौन संसद् का एक अंग नहीं है ?
(क) राष्ट्रपति	(ख) प्रधानमंत्री
(ग) लोकसभा	(घ) राज्यसभा

954. इनमें से कौन राजनीति का एक अंग नहीं है ?
(क) नाम	(ख) दाम
(ग) दंड	(घ) भेद

955. चाणक्य का असली नाम क्या था ?
(क) तथागत	(ख) विष्णुदत्त
(ग) विष्णुगुप्त	(घ) राजप्रिय

956. लोकमान्य तिलक का असली नाम क्या था ?
(क) कैलाश	(ख) केशव
(ग) कुंदन	(घ) काशीनाथ

957. बेनजीर भुट्टो का बचपन का नाम क्या था ?
(क) डिंकी	(ख) रिंकी
(ग) पिंकी	(घ) डॉली

958. लोकनायक जयप्रकाश नारायण के बचपन का नाम क्या था ?
(क) बलऊजी	(ख) बुल्लू
(ग) ऊबलजी	(घ) बाउलजी

959. प्रिंस चार्ल्स का असली नाम क्या है ?
(क) फिलिप आर्थर जॉर्ज	(ख) माइकल जॉर्ज
(ग) जॉर्ज विलिंग्डन	(घ) जॉर्ज फिलिप

960. फिलिस्तीनी नेता यासर अराफात का असली नाम क्या है ?
(क) अब्दुल हाफिज	(ख) अब्दुल रऊफ
(ग) अब्दुल गनी	(घ) अब्दुल हमीद

961. जे.बी. कृपलानी का पूरा नाम क्या है ?
(क) जसवंत बलवंत कृपलानी
(ख) जंग बहादुर कृपलानी
(ग) जीउतराम भगवानदास कृपलानी
(घ) जनबंधु कृपलानी

उत्तर के लिए कृपया पृष्ठ सं. 176 देखें।

962. अमेरिकी राष्ट्रपति जॉर्ज बुश का पूरा नाम क्या है ?

(क) जॉर्ज विलियम बुश (ख) जॉर्ज रोनाल्ड बुश

(ग) जॉर्ज वाकर बुश (घ) जॉर्ज रोशर बुश

963. सन् 1923 में चित्तरंजन दास और मोतीलाल नेहरू ने किस पार्टी की स्थापना की थी ?

(क) स्वदेश पार्टी (ख) स्वदेशी पार्टी

(ग) नेशनल पार्टी (घ) स्वराज पार्टी

964. जवाहरलाल नेहरू को प्रधानमंत्री के रूप में सबसे पहले शपथ किसने दिलाई थी ?

(क) राजगोपालाचारी (ख) डॉ. राजेंद्र प्रसाद

(ग) लॉर्ड माउंटबेटन (घ) महात्मा गांधी

965. राष्ट्रपति भवन को पहले किस नाम से जाना जाता था ?

(क) वाइसराय हाउस (ख) वाइसरीगल पैलेस

(ग) प्रेसिडेंट पैलेस (घ) वाइसराय फोर्ट

966. राज्यसभा की प्रथम महिला उपसभापति कौन थीं ?

(क) सरोजिनी नायडू (ख) वायलेट अल्वा

(ग) पद्मजा नायडू (घ) सुचेता कृपलानी

967. किसी प्रदेश में राष्ट्रपति शासन अधिकतम कितने समय तक लागू रखा जा सकता है ?

(क) 6 माह (ख) 1 वर्ष

(ग) 2 वर्ष (घ) 3 वर्ष

968. संसद् भवन का उद्घाटन किसने किया था ?

(क) लॉर्ड इरविन (ख) एडविन ल्युंटिस

(ग) महात्मा गांधी (घ) डॉ. राजेंद्र प्रसाद

969. ब्रिटेन की प्रधानमंत्री रहीं मार्ग्रेट थैचर का पूरा नाम क्या था ?

(क) मार्ग्रेट हिल्डा थैचर (ख) मार्ग्रेट गिल्डा थैचर

(ग) मार्ग्रेट बिल्डा थैचर (घ) मार्ग्रेट सिल्डा थैचर

970. ब्रिटिश संसद् के लिए निर्वाचित प्रथम भारतीय कौन था ?

(क) चित्तरंजन दास (ख) विनायक दामोदर सावरकर

(ग) दादाभाई नौरोजी (घ) स्वराज पॉल

उत्तर के लिए कृपया पृष्ठ सं. 176 देखें।

971. प्रति कितने वर्ष बाद राज्यसभा के एक-तिहाई सदस्य सदस्यता से मुक्त हो जाते हैं ?

(क) प्रति वर्ष (ख) दूसरे

(ग) तीसरे (घ) चौथे

972. ली कुझान यू किस देश के प्रधानमंत्री पद पर इकतीस वर्षों तक आसीन रहे ?

(क) चीन (ख) बर्मा (म्याँमार)

(ग) भूटान (घ) सिंगापुर

973. राज्यसभा के प्रथम सभापति कौन थे ?

(क) सर्वपल्ली राधाकृष्णन (ख) एस.वी. कृष्णमूर्ति

(ग) गणेश वासुदेव मावलंकर (घ) राजगोपालाचारी

974. सबसे अधिक समय (चौवालीस वर्षों) तक लोकसभा के सदस्य रहनेवाले नेता कौन थे ?

(क) जगजीवन राम (ख) एन.जी. रंगा

(ग) मोरारजी देसाई (घ) इंद्रजीत गुप्त

975. सबसे अधिक समय (दस वर्षों) तक लोकसभा के अध्यक्ष कौन रहे ?

(क) गणेश वासुदेव मावलंकर (ख) हुकम सिंह

(ग) बलराम जाखड़ (घ) जी.एम.सी. बालयोगी

976. सबसे अधिक (दस बार) लोकसभा चुनाव जीतनेवाले नेता कौन थे ?

(क) अटल बिहारी वाजपेयी (ख) लालकृष्ण आडवाणी

(ग) एन.जी. रंगा (घ) इंद्रजीत गुप्त

977. केंद्रीय गृहमंत्री बननेवाले एकमात्र कम्युनिस्ट नेता कौन थे ?

(क) इंद्रजीत गुप्त (ख) श्रीपाद अमृत डांगे

(ग) अजय मुखर्जी (घ) चतुरानन मिश्र

978. पाँच वर्षों का कार्यकाल पूरा करनेवाले प्रधानमंत्री इनमें कौन थे ?

(क) लाल बहादुर शास्त्री (ख) चरण सिंह

(ग) मोरारजी देसाई (घ) पी.वी. नरसिंह राव

979. केंद्रीय मंत्रिमंडल से त्याग-पत्र देनेवाले प्रथम मंत्री कौन थे ?

(क) क.म. मुंशी (ख) डॉ. श्यामा प्रसाद मुखर्जी

(ग) राजकुमारी अमृत कौर (घ) कृष्ण मेनन

उत्तर के लिए कृपया पृष्ठ सं. 176 देखें।

980. सबसे अधिक (आठ बार) केंद्रीय बजट पेश करने का अवसर किस नेता को मिला है?

(क) मोरारजी देसाई (ख) आई.जी. पटेल

(ग) प्रणव मुखर्जी (घ) यशवंत सिन्हा

981. हिरोशिमा और नागासाकी पर अणु बम गिराने का निर्णय किस अमेरिकी राष्ट्रपति ने लिया था?

(क) फ्रैंकलिन डी. रूजवेल्ट (ख) हैरी एस. ट्रूमैन

(ग) रिचर्ड निक्सन (घ) रोनाल्ड रीगन

982. द्वितीय विश्वयुद्ध के समय जनरल तोजो किस प्रमुख देश के प्रधानमंत्री थे?

(क) जापान (ख) इंग्लैंड

(ग) जर्मनी (घ) इटली

983. राज्यसभा और लोकसभा के अतिरिक्त और किसे मिलाकर 'संसद्' बनती है?

(क) मुख्य निर्वाचन आयुक्त (ख) प्रधानमंत्री

(ग) राष्ट्रपति (घ) उपराष्ट्रपति

984. लोकसभा के प्रत्येक आम चुनाव के बाद प्रथम अधिवेशन के प्रारंभ में और प्रत्येक वर्ष के प्रथम अधिवेशन के प्रारंभ में राष्ट्रपति लोकसभा और राज्यसभा के सदस्यों के समक्ष अभिभाषण कहाँ देते हैं?

(क) लोकसभा (ख) राज्यसभा

(ग) राष्ट्रपति भवन (घ) केंद्रीय कक्ष

985. यह प्रतीत होने पर कि ऐंग्लो इंडियन समुदाय को पर्याप्त प्रतिनिधित्व नहीं मिला है, राष्ट्रपति कितने लोगों को अपनी ओर से लोकसभा के सदस्य के रूप में मनोनीत कर सकते हैं?

(क) 2 (ख) 4

(ग) 10 (घ) 12

986. राजीव गांधी पायलट के रूप में कहाँ कार्यरत थे?

(क) वायुसेना (ख) एयर इंडिया

(ग) इंडियन एयरलाइंस (घ) वायुदूत

987. एक सूर्यवंशी राजा त्रिशंकु, जिन्हें विश्वामित्र ने सदेह स्वर्ग भेजा था, मगर

उत्तर के लिए कृपया पृष्ठ सं. 176 देखें।

इंद्र ने उन्हें धकेलकर पृथ्वी की ओर गिरा दिया था और फिर विश्वामित्र ने उन्हें बीच में ही रोक लिया था, जिसके कारण (किंवदंती के अनुसार) वे (त्रिशंकु) अधर में लटके हुए हैं, का नाम किसके साथ जोड़ा जाता है?

(क) लोकसभा (ख) राज्यसभा
(ग) राष्ट्रपति (घ) संसद्

988. भारत में देशी रियासतों का विलय करवाने में किस राजनेता ने महत्त्वपूर्ण भूमिका निभाई थी?

(क) जवाहरलाल नेहरू (ख) सरदार वल्लभभाई पटेल
(ग) कृष्ण मेनन (घ) रफी अहमद किदवई

989. मुसोलिनी इटली की संसद् को भंग कर तानाशाह कब बना?

(क) 3 जनवरी, 1924 (ख) 3 जनवरी, 1925
(ग) 3 जनवरी, 1926 (घ) 3 जनवरी, 1927

990. पाकिस्तानी शासकों द्वारा शेख मुजीब कब रिहा किए गए थे?

(क) 5 नवंबर, 1971 (ख) 5 दिसंबर, 1971
(ग) 5 जनवरी, 1972 (घ) 11 जनवरी, 1972

991. इनमें से किस पद पर 'कार्यवाहक' रहने का प्रावधान हमारे देश के संविधान में नहीं है?

(क) राष्ट्रपति (ख) उपराष्ट्रपति
(ग) प्रधानमंत्री (घ) राज्यपाल

992. नेपोलियन की मृत्यु कब हुई थी?

(क) 5 मई, 1818 (ख) 5 मई, 1819
(ग) 5 मई, 1820 (घ) 5 मई, 1821

993. ईरान की संसद् को क्या कहा जाता है?

(क) महफिल (ख) मजलिस
(ग) हयात (घ) जन्नत

994. विश्वनाथ प्रताप सिंह ने मंडल आयोग की सिफारिशों को लागू करने की घोषणा कब की थी?

(क) 5 अगस्त, 1990 (ख) 6 अगस्त, 1990
(ग) 7 अगस्त, 1990 (घ) 9 अगस्त, 1990

995. पेरोस्त्रोइका और ग्लासनोस्त किस देश में लागू किया गया था?

उत्तर के लिए कृपया पृष्ठ सं. 176 देखें।

(क) जर्मनी (ख) जापान
(ग) चीन (घ) रूस

996. भारत में आर्थिक उदारीकरण की नीति किस प्रधानमंत्री ने पहले लागू की?
(क) राजीव गांधी (ख) विश्वनाथ प्रताप सिंह
(ग) पी.वी. नरसिंह राव (घ) अटल बिहारी वाजपेयी

997. इनमें से बिहार के कौन नेता 'मंडल आयोग' के अध्यक्ष थे?
(क) धनिक लाल मंडल (ख) बिंदेश्वरी प्रसाद मंडल
(ग) अनूप लाल मंडल (घ) सूरज मंडल

998. असम समझौते पर हस्ताक्षर किस तिथि की मध्यरात्रि को किए गए थे?
(क) 12-13 अगस्त, 1985 (ख) 13-14 अगस्त, 1985
(ग) 14-15 अगस्त, 1985 (घ) 15-16 अगस्त, 1985

999. अमृतसर स्थित स्वर्ण मंदिर में 'ऑपरेशन ब्लू स्टार' कब प्रारंभ किया गया था?
(क) 3 जून, 1984 (ख) 3 जुलाई, 1984
(ग) 3 अगस्त, 1984 (घ) 3 सितंबर, 1984

1000. इनमें से किस नेता की मृत्यु किसी हवाई दुर्घटना में नहीं हुई है?
(क) जी.एम.सी. बालयोगी (ख) माधवराव सिंधिया
(ग) राजेश पायलट (घ) संजय गांधी

□

उत्तर के लिए कृपया पृष्ठ सं. 176 देखें।

उत्तर-सूची

1. (ख) सर फ्रेडरिक ह्वाइट—3-2-1929 से 8-8-1925 तक
2. (घ) गणेश वासुदेव मावलंकर—17-11-1947 से 27-2-1956 तक
3. (क) डॉ. सच्चिदानंद सिन्हा—3 फरवरी से 21-20 सितंबर, 1921 तक
4. (ग) अनंत शयनम आयंगर—30-5-1952 से 7-3-1956 तक
5. (क) सुकुमार सेन—21-3-1950 से 19-12-1958 तक
6. (ख) डॉ. सर्वपल्ली राधाकृष्णन—सन् 1952 से 1962 तक
7. (क) डॉ.सर्वपल्ली राधाकृष्णन—1952-62—1962-67
8. (ख) वी.वी. गिरि—3-5-1969 से 20-7-1969
9. (क) गुलजारी लाल नंदा—27-5-1964 से 9-6-1964
10. (क) सरदार वल्लभभाई पटेल—15-8-1947 से 15-12-1950
11. (ख) पं. जवाहरलाल नेहरू—प्रधानमंत्री ने विदेश मंत्रालय अपने पास ही रखा था।
12. (ग) सरदार वल्लभभाई पटेल
13. (क) डॉ. राजेंद्र प्रसाद—कांग्रेस अध्यक्ष बनने पर 14-1-1948 को
14. (ग) डॉ. सर्वपल्ली राधाकृष्णन
15. (क) आर.के. षण्मुखम चेट्टी
16. (ख) मौलाना अबुल कलाम आजाद
17. (क) जॉन मथाई
18. (ग) सरदार बलदेव सिंह
19. (क) लॉर्ड माउंटबेटन
20. (ख) नरसिम्हा गोपाल स्वामी आयंगर
21. (ख) तीसरी
22. (ख) सन् 1921
23. (ग) संगठन कांग्रेस
24. (क) पाँचवीं
25. (ख) सन् 1977
26. (ग) आठवीं
27. (ख) राजीव गांधी
28. (क) नौवीं
29. (ग) ग्यारहवीं
30. (घ) सन् 1998

31. (ग) दसवीं
32. (घ) दसवीं
33. (ख) टी.एन. शेषन
34. (घ) सन् 1975
35. (ग) सन् 1975
36. (ख) महात्मा गांधी
37. (क) 13 दिसंबर, 2001
38. (ख) उत्तर प्रदेश
39. (घ) उड़ीसा
40. (ग) हरियाणा
41. (ग) लालू प्रसाद
42. (क) उत्तर प्रदेश
43. (क) 19 (1) (ए)
44. (ख) अनुच्छेद 326
45. (घ) सन् 1892
46. (क) इंडियन कॉन्सिल ऐक्ट
47. (ग) सीमित और अप्रत्यक्ष
48. (ख) सन् 1909
49. (क) समाहित
50. (ग) सन् 1919
51. (घ) 2
52. (ग) महिला
53. (क) लॉर्ड लोथियान
54. (क) सन् 1935
55. (ख) 9 जून, 1947
56. (ग) सन् 1949
57. (क) राष्ट्रपति
58. (घ) राज्यसभा के सभापति (उपराष्ट्रपति)
59. (क) नई दिल्ली
60. (ग) राजीव गांधी
61. (ग) पी. वी. नरसिंह राव
62. (घ) 65
63. (ग) टी.एन. शेषन
64. (घ) सन् 1950
65. (क) सुकुमार सेन
66. (घ) वी.एस. रमा देवी
67. (घ) सन् 1990
68. (ख) गुलशेर अहमद
69. (ख) राष्ट्रपति
70. (क) निर्वाचन सदन
71. (ग) 3
72. (ग) 532
73. (क) 489
74. (ग) 552
75. (घ) 545
76. (क) 543
77. (ख) 2
78. (क) सन् 1971
79. (घ) सन् 2026
80. (ख) 2
81. (ग) 401
82. (ख) नौवीं
83. (क) 3
84. (घ) चाँदनी चौक
85. (ग) 120
86. (क) 423
87. (क) 79
88. (ख) 41
89. (ख) मिजोरम
90. (ख) 98
91. (ख) भारतीय जनसंघ
92. (ग) सन् 1967
93. (घ) इंदिरा गांधी
94. (ग) महासंधि
95. (ग) उपर्युक्त दोनों
96. (ख) नसबंदी
97. (घ) रामधारी सिंह 'दिनकर'
98. (घ) सन् 1980
99. (घ) वामपंथी दल

100. (घ) सन् 1989
101. (क) राजीव गांधी
102. (ख) रक्षा सौदा
103. (ग) जयप्रकाश आंदोलन
104. (घ) विश्वनाथ प्रताप सिंह
105. (ख) देवीलाल
106. (क) समाजवादी जनता पार्टी
107. (घ) सन् 1991
108. (ग) सन् 1996
109. (ख) भारतीय जनता पार्टी
110. (ख) कांग्रेस
111. (क) अटल बिहारी वाजपेयी
112. (ग) राष्ट्रीय जनता दल
113. (ग) सोनिया गांधी
114. (क) करगिल-विजय
115. (घ) कोई नहीं
116. (घ) कोई नहीं
117. (घ) कोई नहीं
118. (ख) गो-रक्षा
119. (क) गरीबी
120. (क) इंदिरा गांधी
121. (ग) गो-हत्या
122. (ख) जयप्रकाश नारायण
123. (क) स्थिर सरकार
124. (घ) प्याज की मूल्य-वृद्धि
125. (ग) राजीव गांधी को गद्दी
126. (क) बोफोर्स दलाली
127. (ख) स्थिर सरकार
128. (ग) राम-मंदिर का निर्माण
129. (घ) सामाजिक न्याय
130. (ग) भ्रष्टाचार
131. (ख) सांप्रदायिकता
132. (घ) उपर्युक्त तीनों
133. (क) सोनिया गांधी की नागरिकता
134. (ग) करगिल में घुसपैठ
135. (ग) निर्वाचन आयोग
136. (घ) टूट या विवाद होने तक
137. (ग) सन् 1951
138. (ख) 6
139. (क) फॉरवर्ड ब्लॉक (रुइकर ग्रुप)
140. (ग) बरगद का पेड़
141. (घ) हल में जुते जोड़ा बैल
142. (ग) भारतीय कम्युनिस्ट पार्टी
143. (ग) 14
144. (क) 12
145. (ग) चौथे
146. (ख) गाय और बछड़ा
147. (क) चरखा कातती महिला
148. (ख) मानव पंजा
149. (क) गाय और बछड़ा
150. (घ) चरखा
151. (ख) मेज घड़ी
152. (ग) हँसिया, हथौड़ा और तारा
153. (घ) चक्र में खड़ा हलधर
154. (क) भारतीय लोक दल
155. (क) चक्र में खड़ा हलधर
156. (क) खेत जोतता किसान
157. (घ) कमल
158. (ग) दीपक
159. (ख) सन् 1991
160. (घ) चंद्रशेखर
161. (ग) 6
162. (ख) सन् 1993
163. (क) साइकिल
164. (ग) लालटेन
165. (ख) 324
166. (क) निर्वाचन आयोग
167. (क) दाएँ
168. (ग) चुनाव परिणाम आने तक

169. (ग) मानव पंजा
170. (ख) सन् 1922
171. (ग) जॉर्ज गैलप
172. (ख) गैलप पोल
173. (क) गाइड टु पब्लिक ओपीनियन पोल
174. (ख) डब्ल्यू. मोरिस जोन्स
175. (क) प्रणय रॉय
176. (क) इंदिरा गांधी
177. (ख) टी.डी.एस.
178. (क) सेफोलॉजी
179. (घ) इंडिया टुडे
180. (क) ई.पी.डब्ल्यू. डी. कोस्टा
181. (ख) रजनी कोठारी
182. (ग) 3
183. (घ) भारतीय प्रेस परिषद्
184. (ख) निर्वाचन आयोग
185. (क) सन् 1936
186. (क) कांग्रेस-मुसलिम ब्रदरहुड (लीग)
187. (घ) हाफिज मो. इब्राहिम
188. (ग) जमींदारा लीग
189. (घ) मुसलिम लीग
190. (ग) 8
191. (ख) कर्पूरी ठाकुर
192. (घ) संयुक्त विधायक दल सरकार
193. (ग) हरियाणा
194. (ख) 50 से अधिक
195. (क) श्यामा प्रसाद मुखर्जी
196. (ख) सन् 1969-71
197. (ख) इंदिरा कांग्रेस
198. (ग) वाम मोर्चा
199. (ख) आडवाणी की गिरफ्तारी
200. (ख) 54
201. (ग) राजीव गांधी पर खुफिया नजर
202. (ग) एस.एस. अहलुवालिया
203. (घ) 4
204. (घ) अकाली दल
205. (घ) 15 दिन
206. (ग) संयुक्त मोर्चा
207. (ख) अन्ना द्रविड़ मुन्नेत्र कड़गम
208. (क) पी.वी. नरसिंह राव
209. (घ) 11 महीने
210. (क) चंद्रबाबू नायडू
211. (ग) जयललिता
212. (क) 269
213. (ग) 24
214. (क) राष्ट्रीय जनतांत्रिक गठबंधन
215. (ग) जॉर्ज फर्नांडिस
216. (क) राष्ट्रवादी कांग्रेस पार्टी
217. (ग) लालू प्रसाद
218. (क) गोविंद बल्लभ पंत
219. (ग) 16
220. (घ) आंध्र प्रदेश
221. (ख) 6
222. (ग) उड़ीसा
223. (घ) श्रीकृष्ण सिंह
224. (ख) बिहार
225. (घ) गया राम
226. (क) गया राम
227. (क) राव वीरेंद्र सिंह
228. (घ) यशवंत राव चह्वाण
229. (ग) सन् 1973
230. (ग) सन् 1985
231. (ख) बावनवें
232. (क) अध्यक्ष/सभापति
233. (ख) एक-तिहाई
234. (ख) दो-तिहाई
235. (ग) 212

236. (घ) सातवें
237. (ख) सन् 1978
238. (ग) भजनलाल
239. (घ) जनता दल (समाजवादी)
240. (क) शिवराज पाटिल
241. (ग) 11 सितंबर, 1973
242. (क) अगुस्तो पिनचेट
243. (ख) फीदेल कास्त्रो
244. (घ) 20,000
245. (ग) सन् 1965
246. (क) ले.क. उतुंग
247. (क) जहीर शाह
248. (क) मुहम्मद दाऊद
249. (ख) सन् 1978
250. (ग) अब्दुल कादिर
251. (ग) 14 नवंबर, 1979
252. (घ) सन् 1954
253. (ग) सीतानो
254. (घ) देश से पलायन
255. (ख) जनरल स्पिनोला
256. (घ) कनेलोपुलस
257. (ग) जॉर्ज पापादोपुलस
258. (ग) सन् 1958
259. (ग) ब्रि.ज. नीजुएब
260. (ख) अली मेहर पाशा
261. (क) 7 माह
262. (क) अब्दुल नासिर
263. (ख) 25 जनवरी, 1971
264. (क) मिल्टन ओबोती
265. (क) इस्कंदर मिर्जा
266. (ख) 2 साल (25 मई, 1969)
267. (ग) जनरल कासिम
268. (ग) सन् 1962
269. (क) फरवरी 1966
270. (ग) सन् 1922
271. (घ) भारत
272. (ग) 19 मई, 2000
273. (घ) जिया उल हक
274. (घ) महेंद्र चौधरी
275. (ग) रातू सर किमशेशे मारा
276. (ख) सन् 1999
277. (ख) 2
278. (ग) सन् 1987
279. (क) पैरागुए
280. (ग) अगस्त 2001
281. (ख) 14 अप्रैल, 1865
282. (घ) थिएटर में
283. (क) बूथ
284. (ग) नीग्रो
285. (ग) रंगकर्मी
286. (ख) रिवॉल्वर
287. (क) 22 नवंबर, 1963
288. (ग) डलास
289. (ख) ओसवाल्ड
290. (ग) गोलियाँ
291. (क) शुक्रवार
292. (ख) सन् 1966
293. (क) राष्ट्रपति
294. (ग) सन् 1968
295. (घ) मेक्फिस
296. (क) जेम्स अर्ल रे
297. (ख) राइफल
298. (ख) सन् 1951
299. (क) गोली
300. (ख) भाषण
301. (क) अकबर अली खान
302. (ग) अफगानिस्तान
303. (ख) मार डाला
304. (घ) अस्पष्ट
305. (क) इंग्लैंड

306. (ग) युस्सुपोव
307. (ख) पिस्तौल
308. (क) वोल्शेविक क्रांतिकारी
309. (ग) बोस्निया
310. (ग) सन् 1914
311. (घ) प्रिंसिप
312. (ख) फ्रांस
313. (घ) सन् 1934
314. (क) एल. वार्थो
315. (ग) नवंबर 1943
316. (ग) अगस्त 1962
317. (ख) अमेरिका
318. (ग) सन् 1940
319. (घ) ऊधम सिंह
320. (ख) बिड़ला हाउस
321. (क) 78 वर्ष 4 माह
322. (ग) 3
323. (क) नथूराम गोडसे
324. (घ) कपूर आयोग
325. (ख) शिमला
326. (क) श्री आत्माचरण
327. (ख) अंबाला जेल
328. (घ) 30 जनवरी मार्ग
329. (ग) रूस
330. (ख) 6 फरवरी, 1965
331. (क) पंजाब
332. (ख) 31 अक्तूबर, 1984
333. (ग) 1, सफदरजंग रोड
334. (क) गोलियाँ
335. (ख) बेअंत सिंह/सतवंत सिंह
336. (क) बेअंत सिंह
337. (ख) ऑपरेशन ब्लू स्टार
338. (घ) सन् 1989 में
339. (क) आवासीय परिसर में
340. (ग) 21 मई, 1991
341. (क) तमिलनाडु
342. (ख) मानव बम
343. (क) धनु
344. (ख) शिवरासन
345. (ग) जैन आयोग
346. (ख) 23 अक्तूबर, 1994
347. (ग) 1 मई, 1993
348. (ग) सन् 1975
349. (ग) 1 जून, 2001
350. (क) गोलियाँ
351. (ग) सन् 1975
352. (क) 25 जुलाई, 2001
353. (ख) ईसा से 73 वर्ष पूर्व
354. (घ) स्पार्टाकस
355. (ग) रोमन
356. (ख) मारा गया
357. (क) सन् 1628-1658
358. (ग) चार्ल्स द्वितीय
359. (ख) संसदीय लोकतंत्र
360. (ख) विलियम
361. (ग) विलियम
362. (घ) फ्रांस
363. (ख) सन् 1763-82
364. (क) ब्रिटेन
365. (ग) चाय
366. (ख) जॉर्ज वाशिंगटन
367. (घ) टॉमस जैफर्सन
368. (क) फ्रांस
369. (ग) सन् 1782
370. (ख) सन् 1789-94
371. (घ) लुई सोलहवाँ
372. (क) कुलीन वर्ग
373. (ख) सन् 1790
374. (ग) सन् 1793
375. (क) रॉब्सपियरे

376. (ख) सन् 1822
377. (ग) सन् 1830
378. (ख) साइमन बोलीवर
379. (ख) डच
380. (ग) प्रिंस लियोपोल्ड
381. (घ) सिपाही
382. (ख) लाल कमल
383. (ग) 2 साल
384. (ग) सन् 1860-65
385. (क) दास-प्रथा
386. (ख) 9 अप्रैल, 1865
387. (घ) सन् 1860-67
388. (ग) गैरीबाल्डी
389. (ख) इटली का एकीकरण
390. (ग) 72 दिन
391. (घ) 26,000
392. (घ) अक्तूबर
393. (घ) मजदूर
394. (ग) सन् 1915-21
395. (ख) कमाल अतातुर्क
396. (ख) चंद्रशेखर आजाद
397. (घ) मन्मथनाथ गुप्त
398. (ख) श्यामजी कृष्ण वर्मा
399. (ख) 13 अप्रैल, 1919
400. (क) लाला हरदयाल
401. (ख) सोलहवीं
402. (ग) भयंकर
403. (क) माँ
404. (ख) 700
405. (ग) 12,000
406. (ग) 10,000
407. (क) ब्रिटेन
408. (ख) सन् 1584
409. (घ) रूस
410. (ग) 972
411. (क) सन् 1725
412. (ख) सन् 1509
413. (क) सन् 1547
414. (ख) मेरी स्टुअर्ट
415. (घ) सन् 1587
416. (ख) जेम्स
417. (ग) अर्जेंटीना
418. (घ) एनकारनेशन
419. (घ) 1
420. (ख) सन् 1852
421. (क) जुआन डिन्मिगो पेरों
422. (ख) एविटा
423. (ख) अनादर कानून
424. (ग) सन् 1951
425. (क) स्पेन
426. (घ) सन् 1974
427. (क) कंबोडिया
428. (ग) सन् 1975-78
429. (क) 20 लाख
430. (ख) वियतनाम
431. (ग) बेनिटो मुसोलिनी
432. (ग) फासीवाद
433. (क) इटली
434. (ख) सन् 1922
435. (क) सन् 1945
436. (क) रूस
437. (ग) सन् 1924
438. (घ) 2 करोड़
439. (ख) 2 मार्च, 1953
440. (क) अप्रैल
441. (ख) एडॉल्फ हिटलर
442. (ख) ऑस्ट्रिया
443. (क) चित्रकला
444. (घ) सन् 1933
445. (क) यहूदी

446. (ग) सन् 1939
447. (ग) नेपाल
448. (ग) 12
449. (ख) आत्महत्या
450. (ख) युगांडा
451. (क) मेहता बंधु
452. (ख) 6 फीट 4 इंच
453. (ग) 2 लाख
454. (ग) अजगर
455. (ग) 3
456. (ख) सन् 1979
457. (ग) ज्याँ बेदेल बोकासा
458. (ख) मध्य अफ्रीका
459. (ग) सन् 1972
460. (घ) 2 टन
461. (ग) 15 किलो
462. (ख) भवन
463. (क) रिचर्ड निक्सन
464. (ख) 3,50,000 डॉलर
465. (ग) 1 करोड़ डॉलर
466. (ख) ब्रेझनेव
467. (ग) दामाद
468. (क) काकुई तनाका
469. (ख) अमेरिका
470. (ख) 4
471. (ग) दक्षिणी कोरिया
472. (घ) इटली
473. (ग) 30 से अधिक
474. (ख) 11 लाख डॉलर
475. (क) जुआन डिमिन्गो पेरों
476. (ग) कोलंबिया
477. (ग) सन् 1992
478. (घ) कोस्टारिका
479. (क) कार्लोस आंद्रेज पेरेज
480. (घ) 21
481. (ग) सन् 1989
482. (क) ट्यूनीशिया
483. (ख) जीप घोटाला
484. (ग) फीरोज गांधी
485. (ग) केशव देव मालवीय
486. (घ) नागरवाला प्रकरण
487. (ग) संजय गांधी
488. (ख) 60 लाख
489. (ग) 5 करोड़
490. (घ) 64 करोड़
491. (घ) टी. प्रकाशम
492. (घ) पी.वी. नरसिंह राव
493. (ग) कुओं तेल कांड
494. (ख) अर्जुन सिंह
495. (ख) शेयर घोटाला
496. (ग) जयललिता
497. (ग) बंगारू लक्ष्मण
498. (क) के.टी. शाह
499. (घ) डॉ. जाकिर हुसैन
500. (ग) नीलम संजीव रेड्डी
501. (ख) बी.डी. जत्ती
502. (ख) नीलम संजीव रेड्डी
503. (क) डॉ. राजेंद्र प्रसाद
504. (ग) वी.वी. गिरि
505. (क) वी.वी. गिरि
506. (घ) बी.डी. जत्ती
507. (क) डॉ. सर्वपल्ली राधाकृष्णन
508. (क) डॉ. राजेंद्र प्रसाद
509. (घ) संसद्
510. (क) 2
511. (घ) आर. वेंकटरमण
512. (क) वी.वी. गिरि
513. (ग) के.आर. नारायणन
514. (ख) चक्रवर्ती राजगोपालाचारी
515. (क) सन् 1971

516. (घ) फखरुद्दीन अली अहमद
517. (क) डॉ. सर्वपल्ली राधाकृष्णन
518. (ख) बी.डी. जत्ती
519. (क) डॉ. राजेंद्र प्रसाद
520. (ग) के.आर. नारायणन
521. (क) डॉ. राजेंद्र प्रसाद
522. (ग) उपराष्ट्रपति को
523. (ख) लोकसभा
524. (क) राष्ट्रपति
525. (ख) जवाहरलाल नेहरू
526. (घ) चौधरी चरण सिंह
527. (ख) सरदार वल्लभभाई पटेल
528. (ख) 3
529. (ग) मोरारजी देसाई
530. (क) राजीव गांधी
531. (ख) डेढ़ गुना
532. (ग) इंदिरा गांधी
533. (घ) अटल बिहारी वाजपेयी
534. (ख) अटल बिहारी वाजपेयी
535. (क) चौधरी चरण सिंह
536. (ख) र
537. (घ) चंद्रशेखर
538. (क) मोरारजी देसाई
539. (घ) इंदर कुमार गुजराल
540. (ग) विश्वनाथ प्रताप सिंह
541. (ग) राजीव गांधी
542. (क) 37 वर्ष 10 माह
543. (घ) 44 वर्ष 5 माह
544. (ख) मोरारजी देसाई
545. (क) चौधरी चरण सिंह
546. (ग) अटल बिहारी वाजपेयी
547. (ग) इंदर कुमार गुजराल
548. (घ) अटल बिहारी वाजपेयी
549. (ख) चंद्रशेखर
550. (ग) लाल बहादुर शास्त्री
551. (ख) लाल बहादुर शास्त्री
552. (ग) अटल बिहारी वाजपेयी
553. (घ) पी.वी. नरसिंह राव
554. (ग) मोरारजी देसाई
555. (घ) चौधरी चरण सिंह
556. (घ) अटल बिहारी वाजपेयी
557. (ख) लाल बहादुर शास्त्री
558. (ग) इंदर कुमार गुजराल
559. (क) जवाहरलाल नेहरू
560. (ख) इंदिरा गांधी
561. (घ) उत्तर प्रदेश
562. (क) 12 अगस्त, 1946
563. (ख) 6 माह तक
564. (घ) समता स्थल
565. (क) 25 वर्ष
566. (ख) राजीव गांधी
567. (घ) चौधरी चरण सिंह
568. (घ) कमलापति त्रिपाठी
569. (ख) 2
570. (ख) गुलजारी लाल नंदा
571. (घ) रूसी
572. (क) बंगाल
573. (ख) संवैधानिक
574. (घ) डॉ. संपूर्णानंद
575. (ग) धारा 163 (11)
576. (क) देवीलाल
577. (घ) सन् 1984
578. (ग) एम. चेन्ना रेड्डी
579. (क) बिहार
580. (ग) मोतीलाल वोरा
581. (घ) रणजीत सिंह सरकारिया
582. (ग) केरल
583. (क) गुलशेर अहमद
584. (ख) वी.वी. गिरि
585. (ग) के. गाडगिल

586. (क) राम लाल
587. (ग) रोमेश भंडारी
588. (ख) कृष्णपाल सिंह
589. (ग) पी.सी. एलेक्जेंडर
590. (क) सरोजिनी नायडू
591. (ग) सुषमा स्वराज
592. (ख) त्रिपुरा
593. (ग) प. बंगाल
594. (ख) ज्योति बसु
595. (ख) जगदंबिका पाल
596. (घ) शिवचरण माथुर
597. (ग) कैलाश नाथ काटजू
598. (ख) तारकेश्वरी सिन्हा
599. (घ) कोई नहीं
600. (ख) मायावती
601. (घ) राष्ट्रपति शासन था
602. (ग) कर्पूरी ठाकुर
603. (घ) चंद्रशेखर
604. (ख) महामाया प्रसाद सिन्हा
605. (ग) के.पी.एस. गिल
606. (ग) एम. करुणानिधि
607. (क) चंद्रबाबू नायडू
608. (ख) एन.टी. रामाराव
609. (ग) नंदमुरि तारक रामाराव
610. (क) डॉ. संपूर्णानंद
611. (घ) नारायण दत्त तिवारी
612. (ख) हरिदेव जोशी
613. (घ) प्रणव मुखर्जी
614. (घ) चौधरी चरण सिंह
615. (ग) जयललिता
616. (ख) 6 माह
617. (ख) सर्वोच्च न्यायालय
618. (ख) जयललिता
619. (ख) केरल
620. (घ) सन् 1974
621. (ग) गुजरात
622. (ख) 22 जनवरी, 1974
623. (ग) मुजफ्फरपुर
624. (क) पटना
625. (क) 18 फरवरी, 1974
626. (ग) 18 मार्च
627. (घ) मनोरंजन-कर मुक्त करना
628. (क) सर्चलाइट/प्रदीप
629. (ख) 19 मार्च, 1974
630. (घ) 8 अप्रैल, 1974
631. (ख) लोकनायक
632. (ग) गया
633. (क) अब्दुल गफूर
634. (घ) महामाया प्रसाद सिन्हा
635. (ख) 5 जून, 1974
636. (घ) 7
637. (ग) 1 करोड़
638. (ग) अक्तूबर
639. (ख) 4 नवंबर
640. (ख) नानाजी देशमुख
641. (ग) अटल बिहारी वाजपेयी
642. (क) 1 जनवरी, 1975
643. (घ) 19 फरवरी, 1975
644. (क) नागार्जुन
645. (ग) फणीश्वर नाथ 'रेणु'
646. (ख) आपत्काल की घोषणा
647. (घ) सच्चिदानंद
648. (ख) नई दिल्ली
649. (ग) आरा
650. (ग) धारा 352
651. (क) 1 बार
652. (ख) 25 जून, 1975
653. (ग) बी.डी. जत्ती
654. (ग) इलाहाबाद उच्च न्यायालय
655. (ख) जगमोहन लाल सिन्हा

656. (ग) 6
657. (क) सदन में बैठने
658. (घ) 20 दिन
659. (क) रामलीला मैदान
660. (ख) विनोबा भावे
661. (ग) भारी कराधान
662. (ग) संजय गांधी
663. (घ) मंत्रिपरिषद् के सदस्य
664. (ख) स्वर्ण सिंह कमेटी
665. (क) वामपंथी दल
666. (ग) जयप्रकाश नारायण
667. (ख) बी.बी.सी.
668. (ख) तानाशाही
669. (ख) चांडाल चौकड़ी
670. (ग) 19 महीने
671. (घ) कालपात्र
672. (घ) हरिवंश राय 'बच्चन'
673. (ग) फरवरी 1976
674. (ख) इंडियन नेशन यूनियन
675. (ख) सन् 1885
676. (क) ए.ओ. ह्यूम
677. (ग) पूना
678. (घ) व्योमेश चंद्र बनर्जी
679. (ख) बदरुद्दीन तैयबजी
680. (क) सन् 1896
681. (ख) बाल गंगाधर तिलक
682. (ख) सन् 1901
683. (ग) सन् 1905
684. (ग) बाईसवें
685. (घ) सन् 1907
686. (क) एनी बेसेंट
687. (क) इकतीसवें
688. (ख) सन् 1917
689. (घ) सन् 1928-29
690. (ख) सन् 1930
691. (ग) त्रिपुरी
692. (ख) सन् 1939
693. (ग) जवाहरलाल नेहरू
694. (घ) डी. संजीवैया
695. (ग) जे.बी. कृपलानी
696. (ख) चक्रवर्ती राजगोपालाचारी
697. (घ) राष्ट्रपति
698. (ग) सरदार वल्लभभाई पटेल
699. (ग) सन् 1969
700. (ख) कांग्रेस फॉर डेमोक्रेसी
701. (ख) राजीव गांधी की हत्या
702. (ग) इंदिरा कांग्रेस
703. (ख) दिसंबर 1997
704. (क) इंडियन पीपुल्स पार्टी
705. (क) श्यामा प्रसाद मुखर्जी
706. (ग) केसरिया
707. (घ) चौथी
708. (ग) नेशनल डेमोक्रेट
709. (क) गो-हत्या
710. (ग) जनता पार्टी
711. (घ) दोहरी सदस्यता
712. (घ) भारतीय जनता पार्टी
713. (ख) अप्रैल 1980
714. (ग) मदनलाल खुराना
715. (ख) केसरिया-हरा
716. (क) गांधीवादी समाजवाद
717. (ग) विजयाराजे सिंधिया
718. (ख) लालकृष्ण आडवाणी
719. (क) सन् 1996
720. (ग) मुरली मनोहर जोशी
721. (ग) गोविंदाचार्य
722. (घ) सन् 1999
723. (ग) 6 जनवरी, 1953
724. (ग) 26 वर्ष
725. (ग) सन् 1951

726. (ग) 1 मई, 1977
727. (ख) मार्च 1980
728. (घ) 5
729. (घ) जयप्रकाश नारायण
730. (ग) चंद्रशेखर
731. (घ) सूरजकुंड
732. (ख) 2
733. (क) आपसी लड़ाई
734. (ग) भारतीय लोक दल
735. (ग) सन् 1979
736. (ख) चंद्रशेखर
737. (क) जनता पार्टी (सेक्युलर)
738. (ख) सन् 1980
739. (ग) राजनारायण
740. (घ) सुब्रह्मण्यम स्वामी
741. (ख) सन् 1964
742. (ख) चीन
743. (क) रूस
744. (घ) 7
745. (ग) 11 अक्तूबर, 1988
746. (ख) छात्र-युवा संघर्ष वाहिनी
747. (घ) विश्वनाथ प्रताप सिंह
748. (ग) गैर-कांग्रेसवाद
749. (क) एस.आर. बोम्मई
750. (घ) 54
751. (ग) जनता दल (समाजवादी)
752. (ख) समाजवादी पार्टी
753. (ग) सन् 1994
754. (घ) लालू प्रसाद
755. (ख) लालू प्रसाद
756. (घ) राष्ट्रीय जनता दल
757. (ख) सन् 1966
758. (ग) सन् 1997
759. (क) सन् 1920
760. (ग) पंजाब
761. (क) सन् 1949
762. (ख) सी.एन. अन्नादुरै
763. (ख) सन् 1967
764. (ख) सन् 1972
765. (ग) एम.जी. रामचंद्रन
766. (क) राष्ट्रवादी कांग्रेस पार्टी
767. (ख) नेशनल कॉन्फ्रेंस
768. (घ) 6
769. (ग) 357
770. (ख) चौथी (1967)
771. (ग) 154
772. (घ) आठवें
773. (क) सोशलिस्ट पार्टी
774. (ख) कम्युनिस्ट पार्टी
775. (ग) 6
776. (ख) 19
777. (ख) लगभग बराबर
778. (घ) एक-तिहाई
779. (घ) लगभग पाँचगुनी
780. (घ) लगभग बारहगुनी
781. (ख) 22
782. (ग) 16
783. (घ) 295
784. (ग) 41.32
785. (घ) 68
786. (ग) 72
787. (ख) 49.10
788. (क) 2
789. (ग) 85
790. (घ) 197
791. (ख) 143
792. (ग) 232
793. (ख) राज्यीय दल
794. (ग) 127
795. (क) भारतीय जनता पार्टी

796. (ख) 182
797. (ग) 114
798. (ग) लोक दल
799. (घ) तेलगु देशम पार्टी
800. (ग) सन् 1526
801. (ख) बाबर
802. (क) बाबर जीता
803. (ग) सन् 1556
804. (घ) बैरम खाँ
805. (क) बैरम खाँ जीता
806. (ग) सन् 1761
807. (घ) अहमदशाह अब्दाली
808. (ख) अब्दाली जीता
809. (ख) हरियाणा
810. (ख) सन् 1530
811. (ग) हुमायूँ
812. (ख) बिहार
813. (घ) सन् 1764
814. (घ) मल्हारराव होल्कर
815. (ख) सन् 1576
816. (क) अकबर
817. (ख) प्रताप सिंह
818. (ख) सन् 1757
819. (ग) सिराजुद्दौला
820. (क) 3 सितंबर, 1947
821. (क) सर हरि सिंह
822. (घ) 26 अक्तूबर, 1947
823. (क) 1 जनवरी, 1948
824. (ख) सन् 1959
825. (ग) 10 अक्तूबर, 1962
826. (ख) रूस
827. (क) 21 नवंबर, 1962
828. (क) 9 अप्रैल, 1965
829. (ख) 12 अप्रैल, 1965
830. (क) 1 सितंबर, 1965
831. (ख) 23 सितंबर, 1965
832. (ग) 52 करोड़ रुपए
833. (घ) 3 दिसंबर
834. (क) 14 दिन
835. (ख) बँगलादेश
836. (घ) सन् 1999
837. (ग) ऑपरेशन विजय
838. (क) सामुद्रिक
839. (घ) नेपोलियन
840. (ख) सन् 1805
841. (क) नेपोलियन हारा
842. (ख) सन् 1815
843. (ग) नेपोलियन
844. (क) नेपोलियन द्वारा आत्मसमर्पण
845. (क) सन् 1904-5
846. (ख) सामुद्रिक
847. (ख) सन् 1914-18
848. (घ) मित्र राष्ट्र
849. (ख) सर्बिया
850. (ग) 1 करोड़ 30 लाख
851. (ख) सन् 1939-45
852. (घ) धुरी राष्ट्र
853. (ग) ब्रिटेन
854. (घ) बँगलादेश
855. (ग) अमेरिका
856. (ग) 5 करोड़
857. (ख) सन् 1948-93
858. (क) 1
859. (क) सन् 1980-88
860. (घ) तेल
861. (ख) कुवैत
862. (ग) इराक
863. (घ) जॉर्ज बुश (सीनियर)
864. (ग) 42 दिन
865. (ग) 1 जनवरी, 1949

866. (घ) संयुक्त राष्ट्र संघ
867. (ग) 23 मई, 1951
868. (ख) फरवरी 1952
869. (क) 29 अप्रैल, 1954
870. (क) अप्रैल 1960
871. (ख) मई 1962
872. (ग) 6
873. (ग) ब्रिटेन
874. (ख) 10 जनवरी, 1966
875. (ग) रूस
876. (ख) अलीपुर
877. (ख) अमेरिका
878. (ख) रूस
879. (क) सीरिया
880. (ख) कैनेथ कोंडा
881. (ख) 9 सितंबर
882. (घ) लाल बहादुर शास्त्री
883. (क) अल्जीरिया समझौता
884. (ग) सन् 1980
885. (घ) 1 वर्ष 1 माह
886. (क) जुल्फिकार अली भुट्टो
887. (ग) 15-16 जुलाई, 2001
888. (घ) आगरा
889. (ग) महात्मा गांधी
890. (ग) राममनोहर लोहिया
891. (घ) राममनोहर लोहिया
892. (ख) संजय गांधी
893. (क) जयप्रकाश नारायण
894. (ग) देवकांत बरुआ
895. (ख) विनोबा भावे
896. (ख) राजीव गांधी
897. (ग) जयप्रकाश नारायण
898. (घ) गोविंदाचार्य
899. (क) कम्युनिस्ट पार्टी
900. (घ) अब्दुल गफूर
901. (घ) राजीव गांधी
902. (ग) अटल बिहारी वाजपेयी
903. (क) महात्मा गांधी
904. (ख) राजीव गांधी
905. (ख) मोरारजी देसाई
906. (ख) राजनारायण
907. (ख) पी.वी. नरसिंह राव
908. (ख) बाल गंगाधर तिलक
909. (ग) कैथरीन फ्रैंक
910. (घ) एनी बेसेंट
911. (ख) डॉ. राजेंद्र प्रसाद
912. (घ) के.एम.मुंशी
913. (घ) पी.वी. नरसिंह राव
914. (ख) अटल बिहारी वाजपेयी
915. (ग) नरहरि विष्णु गाडगिल
916. (ग) लालकृष्ण आडवाणी
917. (ग) सन् 1918
918. (घ) द्वितीय विश्वयुद्ध
919. (घ) फरवरी 1945
920. (क) चाऊ-एन-लाई
921. (ग) सैन फ्रांसिस्को
922. (ख) 50
923. (घ) 24 अक्तूबर, 1945
924. (क) विश्व-शांति
925. (ग) महासचिव
926. (ख) जुआन ऑण्टोनियो सामरंच
927. (क) न्यूयॉर्क
928. (ग) पुलिसकर्मी
929. (घ) 20,000 से अधिक
930. (ग) 6
931. (ग) मैजिक हॉल
932. (क) 24 मई
933. (ग) सन् 1926
934. (ख) लंदन
935. (घ) सन् 1947

936. (ग) उच्चायुक्त
937. (ख) 4
938. (ग) सन् 1983
939. (क) पाकिस्तान
940. (ख) संयुक्त राष्ट्र संघ
941. (ख) सन् 1945
942. (घ) पेरिस
943. (ख) अभिनय
944. (ग) संयुक्त राष्ट्र संघ
945. (ख) 4 नवंबर, 1946
946. (क) 2
947. (ग) 3 जून, 1947
948. (घ) सिरिमाओ भंडारनायके
949. (क) स्विट्जरलैंड
950. (ख) प्रमोद महाजन
951. (क) डॉ. सर्वपल्ली राधाकृष्णन
952. (घ) निर्वाचन आयोग
953. (ख) प्रधानमंत्री
954. (क) नाम
955. (ख) विष्णुदत्त
956. (ख) केशव
957. (ग) पिंकी
958. (घ) बाउलजी
959. (क) फिलिप ऑर्थर जॉर्ज
960. (ख) अब्दुल रऊफ
961. (ग) जीउत राम भगवानदास कृपलानी
962. (ग) जॉर्ज वाकर बुश
963. (घ) स्वराज पार्टी
964. (ग) लॉर्ड माउंटबेटन
965. (ख) वाइसरीगल पैलेस
966. (ख) वायलेट अल्वा
967. (घ) 3 वर्ष
968. (क) लॉर्ड इरविन
969. (क) मार्ग्रेट हिल्डा थैचर
970. (ग) दादाभाई नौरोजी
971. (ख) दूसरे
972. (घ) सिंगापुर
973. (ख) एस.वी. कृष्णमूर्ति
974. (ख) एन.जी. रंगा
975. (ग) बलराम जाखड़
976. (घ) इंद्रजीत गुप्त
977. (क) इंद्रजीत गुप्त
978. (घ) पी.वी. नरसिंह राव
979. (ख) डॉ. श्यामा प्रसाद मुखर्जी
980. (क) मोरारजी देसाई
981. (ख) हैरी एस. टूमैन
982. (क) जापान
983. (ग) राष्ट्रपति
984. (घ) केंद्रीय कक्ष
985. (क) 2
986. (ग) इंडियन एयरलाइंस
987. (क) लोकसभा
988. (ख) सरदार वल्लभभाई पटेल
989. (ख) 3 जनवरी, 1925
990. (ग) 5 जनवरी, 1972
991. (ख) उपराष्ट्रपति
992. (घ) 5 मई, 1821
993. (ख) मजलिस
994. (ग) 7 अगस्त, 1990
995. (घ) रूस
996. (ग) पी.वी. नरसिंह राव
997. (ख) बिंदेश्वरी प्रसाद मंडल
998. (ग) 14 अगस्त, 1985
999. (क) 3 जून, 1984
1000. (ग) राजेश पायलट

□□□